창업 비용 2만 원,
1인기업으로
살아남기

창업 비용 2만 원, 1인기업으로 살아남기

정도영 지음

누구도 가르쳐주지 않는 1인기업 가이드북

일에일북

변화를 두려워하지 않고
즐기는 1인기업을 위해

"26과 2,400, 혹시 이게 무엇을 의미하는지 추측할 수 있는 분

여기 계실까요?"

강의를 시작할 때 내가 자주 하는 질문이다. 26과 2,400이라
고? 대부분은 대답하지 못한다. 당연하다. 워낙 개인적인 이야기
니까. 실상 이런 걸 묻는 사람이 못된 것이다. 자주 나오는 대답
은 26세에 연봉 2,400만 원…. 생각해보니 그리 틀린 답은 아니
지만 사실 그런 이야기를 하려고 인용한 숫자는 아니다.

무언가 잘 모으지 못하는 나도 수집하는 것이 딱 두 가지 있

다. 하나는 2003년부터 해마다 한 권씩 보관하고 있는 다이어리고, 나머지 하나는 나의 경력을 보여주는 '명함'이다. 명함은 내가 거쳐온 시간의 표지인 것 같아 하나씩 모으다 보니 어느새 26장이 되었다. 이번 명함은 수명이 꽤 길다. 디자인은 좀 바뀌었어도, '사람과 직업연구소 대표 컨설턴트 정도영'이라고 쓰인 명함을 벌써 6년이 다 되도록 쓰고 있다.

26이라는, 다른 사람이 도무지 알기 힘든 이 숫자는 현장에서 지금 쓰고 있는 명함이 내 인생의 26번째 명함이라는 의미고, 내가 직업을 얼마나 많이 바꾸며 좌충우돌 살아왔는지를 보여주는 숫자다.

사람이 직업을 바꾸는 것은 요즘 시대엔 흔한 일이다. 그러나 어떤 경우라도 직업이 20여 회가 넘게 변했다면 한 번쯤 그 연유를 찾아볼 필요가 있다. 물론 내게도 이유가 있었다. 그러나 그 이유를 스스로 이해하기까지는 오랜 시간이 필요했고, 그사이에 나는 스스로 사회부적응을 의심하며 삶의 험로를 헤매야 했다. 나중에 안 일이지만 나의 직업적인 문제 대부분은 성향이 원인이었다.

나는 변화를 좋아한다. 똑같은 패턴의 일을 반복하는 것보다 새로운 일을 찾아서 도전하고 성취하는 것을 즐긴다. 지적 호기심이 강하고 그것이 현장에서 유용한 삶의 방식으로 전환되는 것을 확인할 때 기쁨을 느낀다. 가능성과 잠재력이 현실의 결과로 이어지는 과정에서 어떤 역할을 할 수 있을 때 일종의 희열을 얻고는 한다. 그래서 안정적인 틀 안에서 일하기보다는, 계속 새로운 과제가 다가오고 내 역할에 따라 성공과 실패에 대한 책임을 지는 것이 좋다. 이전에는 이런 특성을 잘 모른 채 순전히 내 인내심의 문제 혹은 내 천성에 결함이 있는 것으로 한때 오해하기도 했다.

수많은 조직을 거친 것 외에도 프랜차이즈 지사장 등을 하면서 10여 개 정도의 업체 창업에 관여했다. 그리고 지금도 1인기업을 차리고 운영하는 자영업자다. 법학을 전공했고, 부동산 공인중개사 자격증을 취득해 활동한 경험 덕에 입지나 계약에 관한 실무에도 익숙해서 도움이 되었다. 이런저런 경험과 자질이 합쳐져 지금은 재취업 컨설팅과 창업 컨설팅을 겸하는 흔치 않은 활동을 하고 있다. 나를 힘들게 했던 방황의 경험들이 아이러니하게도 지금 하는 일의 자원이 된 셈이다.

이런 상황을 고려하면 1인기업의 삶을 선택하기까지의 과정은 필연이었다는 생각이 든다. "흐르는 물은 웅덩이를 채우지 않고서는 앞으로 나가지 못한다." 어려움이나 변화를 피하지 말고 차근차근 이겨내라는 맹자의 말이 내게 절절하게 다가오는 이유다.

　그럼 2,400은 무엇일까? 이건 내가 하는 업무와 관련되어 있다. 그렇다. 눈치 빠른 사람들은 짐작하겠지만, 내가 지금까지 최소 1시간에서 많게는 30시간 정도 얼굴을 맞대고 컨설팅을 진행했던 사람들의 숫자다.

　이 일을 하면서 마주했던 셀 수 없이 다양한 고객들은 나의 간접적 경험을 더할 나위 없이 채워주었고, 내 본성과도 맞는 일이라 일의 만족도도 높아졌다. 예를 들어 같은 목적의 컨설팅이라도 사람에 따라 진행과정과 내용은 많이 달라진다. 고민해야 할 방법이나 해결책도 새롭게 모색해야 하는데, 이런 부분들은 변화와 새로움을 추구하는 내 천성과 잘 맞았다. 내게 맞는 일을 하니 더 신나게 일할 수 있었고, 다른 사람들과 함께 만들어냈던 사례들은 더 큰 자산이 되어주었다. 어쩌면 애초에 내 DNA에는 한 직장에서 잠자코 일할 수 있는 요소가 없기에 스스로 극심한 변화 속에서 살아오며 그런 변화를 즐기는 게 가능했을지도 모르겠다.

나는 이 책에서 1인기업이 만병통치약의 역할을 하거나, 누구에게든 잘 어울린다는 이야기를 하고자 하는 것이 아니다. 이것은 각자가 자신에게 맞는 삶, 적합한 직업을 찾아가는 과정에서 고려할 수 있는 하나의 선택일 뿐이다.

만약 여러분이 나와 비슷한 기질이 있다면, 그래서 직업 문제로 끊임없이 고민하고 있다면 한 번쯤 잘 생각해보기 바란다. 때로 그건 '누군가의 잘못'이 아닌, 내적 욕구와 현실의 불협화음 때문일 수도 있다. 그렇다면 제 몸에 맞는 옷을 입고 자신이 원하는 길로 한 번쯤 가보길 권한다. 자신이 원하는 길을 간다면 일하는 시간조차 즐겁고, 이전과 다른 행복을 느낄 수 있을지도 모른다. 이 책에서 그 길을 위한 몇 가지 실용적인 가이드를 제시하려고 한다.

미리 말하지만 이 책은 학문적인 책이 아니다. 내 관심은 늘 '살아남는 것'이었다. 그러므로 이 책에서도 1인기업을 왜, 어떤 사람들이 하고, 또 어떻게 하면 살아남을 수 있는지를 이야기하고자 한다. 특히 강연과 컨설팅을 하고 있는 경험을 살려 강연에 대한 내용을 세세하게 다룰 예정이다. 다만 내용이 너무 강연 분야에 대해서만 치우치지 않도록 다른 분야의 사례도 다양하게 담으려 노력했다. 모쪼록 이 책이 이제 시작을 꿈꾸는 예비 1인기업가들에게, 직업적 어려움에 처해 다시 한번 의욕이 필요한 사람들에게, 같은 분야의 현장에서 일하는 동료들에게 조금이나마 도움과 위안이 되기를 기대해본다.

끝으로 1인기업을 꿈꾸는 이의 배우자는 꽤 힘든 시간을 함께 건너는 동반자가 되기도 한다. 그 긴 방황의 시간을 용기 내 기다려준 아내 은희에게 감사의 마음을 전한다.

정도영

방황하던 내 기억 속 어딘가에서부터 시작된 작은 꿈,

조금은 다르게 살고 싶다는 것.

그 꿈으로의 연결고리는 1인기업이었다.

1인기업가로
독립하기까지

평범한 직장인에서
1인기업가가 되기까지

2013년 봄의 끝자락을 지나며 깊은 고민에 빠졌다. 이미 숱한 직업적 방황을 겪었던 나는 운이 좋게도 40대가 넘어 재취업 업무를 주로 하는 공공기관에 입사할 수 있었다. 그것은 평생 거의 느끼지 못했던 안정감이라는 것을 내 일상에 만들어주었다. 무기 계약직이긴 했으나 사실상 정년을 기대할 수 있었고, 집과 회사의 거리도 가까워 자동차로 15분이 채 걸리지 않는 거리였다. 거기다 내가 좋아하는 컨설팅과 강의를 모두 할 수 있는 곳이었고, 직원들을 위한 업무 교육을 자주 해서 배울 것도 많았다.

마흔다섯 살 외벌이 가장, 공공기관을 떠나다

재직기간이 2년 반을 넘어가자 문제가 생겼다. 그동안 내가 맡았던 일이 여러 가지 이유로 조직에서 전혀 원하지 않았던 쪽으로 바뀌는 상황이 기폭제가 되었지만, 실은 내 속의 '그것'이 또 움직인 탓이라고 생각했다. 모든 것이 일상화되고 틀이 고정되는 삶, 아주 쉽게 미래의 모습이 그려지고 늘 같은 공간을 다니며 같은 업무를 반복한다는 것이 점점 숨통을 조여오는 기분이었다. 대부분의 직장인들은 조직을 떠날 용기도, 그렇다고 원하는 방향으로 개선할 용기도 없을 때면 먼저 냉소적인 태도를 취하는 것을 택한다. 나 또한 일에서도 관계에서도 조금씩 냉소적으로 변해가는 자신을 발견했다. 아내에게는 이런 말을 했던 것 같다. "계속 이곳에 버티고 있는 건 내게도, 이 조직에도 도움이 되지 않는 선택일 것 같아." 진심을 담아 한 말이지만 지금 생각해보면 참 '양심 없다' 싶기도 하다. 어린 두 아이를 둔 전업주부 아내는 그 말을 들었을 때 기분이 어땠을까?

그때 내게 이어진 끈이 몇몇의 민간 전직전문기업들이었다. 문제는 그곳들로 옮겨간다 해도, 급여 수준은 이전과 별 차이가 없었다. 더구나 그 회사들 대부분이 서울 강남 쪽에 몰려 있어 출퇴근 시에는 전철을 이용해도 편도로만 3번을 갈아타고 2시간을 가야 했으니, 매일 왕복 4시간이 요구되는 상황이었다. 또 나는 4인 가족의 외벌이 가장이었다. 공공기관을 떠나는 순간 기약 없는 불안정의 상태로 접어들 텐데, 불을 보듯 뻔한 상황을 선택한다는 부담감은 클 수밖에 없었다.

오랜 꿈이긴 했지만 1인기업에 대한 막연한 동경만으로 가족을 위험에 빠뜨린다는 자책감이 계속해서 나를 짓눌렀다. 얼마나 스트레스가 심했으면 임상심리전문가인 지인에게 상담을 청하기까지 했을까. 게다가 기존에 참여하고 있던 프로젝트를 중도에 이탈해야 하는 상황이었으니 그 역시 마음에 큰 부담이 아닐 수 없었다. 공공기관을 떠나면 안 되는 이유는 책을 한 권쯤 쓰고도 남을 것 같았다. 반대로 옮겨도 되는 이유는 아마 막연하기 그지없는 꿈과, 당시 상태로는 더 이상 내가 조직에, 조직이 내게 별 도움이 되지 않을 것이라는 인식이 전부였다. 다만 당시에 나는 점점 소진되어갔고 전환의 계기가 필요했다.

그만두지 말아야 할 이유가 훨씬 많음에도 결국 사표를 내기로 결심하고 상사에게 이야기했다. 지금도 기억 속에 퇴직 의사를 알린 날의 내 모습이 생생하다. 그날 내 속에는 두 가지 목소리가 치열하게 싸우고 있었다. '지금이라도 가서 사표를 물러. 확신도 없는 수렁 속으로 가족을 몰아가고 있잖아. 네 삶이 너 혼자만 사는 거냐?'라는 목소리와 '이제 결정했고 끝났어. 되돌릴 수 없어. 지금 돌아가서 사표 무르자는 건 너무 웃기는 거 아냐?'라는 속마음이었다. 회사 앞 승강장에서 아마도 한 30분은 서성이며 고민했던 것 같다.

여담이지만 장미여관이란 그룹이 불렀던 노래 중에 〈퇴근하겠습니다〉라는 노래가 있다. 그 가사 중에 이런 내용이 있다. "무책임한 남자, 나는 바보 같은 남자, 나 혼자 행복하게 살겠다고 그만둔다 말했네." 지금도 나는 이 노래를 들으면 그때의 안절부절못하던 내 모습이 떠오르곤 한다.

"내년에는 무서워서 못 나갈 것 같습니다."

공공기관을 그만두며 숱한 우여곡절을 거치고 나서야 2013년 6월 새로운 시작을 했다. 그때 내가 들어간 회사는 한국에 몇 안 되는 민간 전직전문기업 중 하나였다. 들어가자마자 대기업 퇴직자들에 대한 전직지원 사업(퇴직자들의 재취업과 새로운 진로설계를 돕는 프로그램)에 참여하게 되었고, 성과향상 교육 등 다양한 사업을 경험하게 되었다. 다행히도 나는 그런 새로운 영역들을 좋아했다. 당시엔 미처 인지하지 못했지만, 아마도 무의식적으로 그 과정을 1인기업으로 가는 일종의 통과의례라고 생각했던 것 같다.

공공 서비스와 민간 서비스의 질이 극명히 갈라지는 지점은 결국 '비용'이다. 공공기관을 이용하는 사람들은 서비스 이용료를 따로 지불하지 않는다. 그러니 불평은 할 수 있지만 서비스 자체에 대해 '이 정도는 되어야 한다'고 요구하는 경우는 많지 않다. 반면에 민간 서비스는 '돈을 줬는데 겨우 이 정도냐'고 당당히 따질 수 있다. 그렇기에 당연히 민간 서비스 이용자들의 요구는 까다로워지고, 서비스 제공자는 온갖 다양한 상황들에 노출된다. 엉뚱한 이유로 강사의 자존감쯤은 우습게 보는 심한 경우도 더러 봤다. 무엇보다 돈을 내고 이용했으니 결과가 나쁘다는 판단이 들면 다음 기회 자체를 주지 않는다. 그 상황에서 살아남으려면 어떻게 하든 이용자의 요구수준에 맞추기 위해 노력하는 수밖에 없었다. 그렇게 보낸 1년은 좋은 트레이닝의 시간이 되었다. 때로는 조금 힘들었어도 업무 자체에 대해서는 내가 원한 것들을 추구할 수 있었다.

그런데 1년이 지나니 또 내 속의 '그것'이 들고 일어났다. 이제 40대 중반을 넘어가는데 도대체 언제쯤 내가 원하는 1인기업을 할 수 있냐는 깊은 갈증이 나를 괴롭혔다. 그 최종의 목표가 없었다면 굳이 안정된 공공기관까지 박차고 나올 이유는 없었다. 거기다 왕복 4시간의 출퇴근은 말처럼 쉽지 않았다. 사당역 지하철에서 환승할 때마다 사람들에게 떠밀려 '흘러가며' 하루를 이렇게 기운을 빼며 시작하는 건 미친 짓이라는 생각도 했다. 그래서 아예 새벽 5시 50분경의 첫차로 인천에서 출근하기도 했다. 새벽에 나가 저녁 늦게 귀가하는 날이 반복되었고, 가족들은 집에서 잠시 얼굴만 보는 존재가 되어버렸다.

고민을 하다 결국 결심을 굳히고 회사 측에 독립의사를 밝혔다. 핵심은 독립하고 AC(Associate Consultant, 정기적 급여는 없지만 일이 생길 때 우선적으로 일을 맡기는 외부전문가)로 일하고 싶다는 것이었다. 다행히도 회사는 '내년이면 무서워서 나간다는 말을 못 할 것 같다'는 반쯤 농담 같은 내 표현을 흔쾌히 수긍해주었다. 나의 1인기업은 그렇게 시작을 열 수 있었다.

1인기업의 첫발을 어렵게 내디딜 수 있었지만, 지금에 와서 돌이켜보면 우려와 달리 스스로에게 잘한 결정이었다. 다니던 공공기관에 계속 그 상태로 머물렀다면 모두에게 냉소적이고 비틀어진 모습으로 기억되었을 것 같고, 내 속에는 그때 무언가 도전하지 못했다는 이유로 늘 후회가 남아 있었을 것이다. 그건 나를 많이 성장시켜준 조직에 대한 예의도, 내적 갈등으로 숱한 고민의 밤을 새웠던 나를 위한 선택도 아니었을 것이다. 세상을 살다 보면 안 되는 이유 백 가지보다, 되는 이유 한 가지가 더 중요할 때가 있다. 이 세상의 모든 것이 논리로만 해결되지 않는다. 그렇기에 때로 무모함에 표를 던질 수도 있어야 한다. 우리는 결국 자신이 절실한 만큼만 나아갈 수 있다.

창업 비용 2만 원, 1인기업으로 살아남기

때로 무모함에 품을 던질 수도 있어야 한다.
우리는 결국 자신이 절실한 만큼만 나아갈 수 있다.

왜 1인기업가가 되었는가?

1인기업을 운영하며 살고 싶다는 생각은 언제부터 시작되었을까? 정확하게 기억하기 어렵지만, 나 역시 대부분의 직장인이 꿈꾸듯 '언젠가 한 번쯤은 자유롭게 나만의 일을 하고 싶다'는 욕망을 마음속 어디선가 서서히 싹틔워왔던 것 같다.

꽤 오래전부터 강의와 컨설팅이 재미있다고 느껴왔다. 2007년 경 나는 연간 18회 정도 고령자 재취업 프로그램을 진행하고 있었는데, 함께 일하는 사람이 강의에 관심도 없었고 경력도 많지 않아서 거의 대부분의 강의를 나 혼자 소화했다. 그 과정에서 만나는 다양한 사람들, 내 몫의 강의를 잘 해냈을 때의 뿌듯함, 그리고 컨설팅할 때의 재미 등이 조금씩 나를 자율적인 일에 대한 매력으로 끌어당겼는지도 모른다.

1인기업이라는 선택

1인기업을 시작하게 된 계기는 1인기업가마다 차이가 있다. 그 시작점은 흔히 두 가지 형태로 나눌 수 있다. 첫 번째 부류는 오랜 시간 장을 묵히듯 속으로 다져온, 스스로 책임지는 자율적 삶을 향해 나아가는 사람들이다. 이런 부류는 1인기업이 꽤 오랜 염원의 결실인 경우가 많다. 두 번째 부류는 그에 비해 조금은 급작스럽게 시작한 경우다. 퇴직할 즈음 다른 직업적 대안을 찾지 못해, 불안하지만 비교적 돈이 적게 들고 가벼운 창업 형태인 1인기업을 시도하는 부류다. 무조건 어느 것이 옳고 그르다고 분리할 수는 없다. 물론 이 두 가지 이유가 함께 얽혀 있는 경우도 있을 것이다. 그러나 경험적으로나 논리적으로는 전자가 더 합리적인 수순으로 보인다.

오랜 바람을 안고 주도적으로 결정을 내린 경우라면 '충분한 준비기간'과 '스스로 선택한 것에 대한 추진력'이라는 두 가지 확실한 장점을 기대할 수 있다. 반대의 경우에는 아무래도 갑작스러운 선택이다 보니 짧은 준비기간에 더해, 스스로의 선택이 아니었다는 회의감을 느끼며 추진력이 떨어지는 문제가 생길 수밖에 없다. 그러나 다른 대안이 쉽지 않아 1인기업을 선택하는 부류 중에서도 성공하는 사람들은 나오기 마련이다. 대개 자발성이 떨어지는 선택을 하면 초반에는 혼란을 겪는다. 그러나 모든 직업 문제가 그렇듯이 좋은 선택보다 더 중요한 것은 좋은 실행이다. 아래의 예를 한번 보자.

선택	실행	결과

- 좋은 선택 + 좋은 실행 = 좋은 결과
- 좋은 선택 + 나쁜 실행 = 나쁜 결과
- 나쁜 선택 + 좋은 실행 = 좋은 결과

   실제로 직업의 현장에서는 이런 과정이 숱하게 일어난다. 좋은 선택은 훨씬 유리한 지점에서 출발하게 도와주지만, 결과를 만드는 것은 결국 실행이기 때문이다. 1인기업도 마찬가지로 좋은 선택이 문제가 아니라 그 과정을 어떻게 이어가느냐가 성패를 좌우한다.

   지금은 수억 원대 매출의 1인기업으로 불리지만, 과거에 사업 시작 후 10년 가까이 고생하며 성장의 고비를 넘어온 사람들이 내 주변에도 몇 명 있다. 실제로 어떤 한 사람은 지금이야 유명 강사라는 후광효과에 처음부터 돈을 잘 벌었을 것이라고 여겨

지지만, 초창기 몇 년 동안은 집에 돈 한 푼 제대로 가져다주지 못했다는 경험을 내게 수시로 이야기해줬다. 사업 초기에 그나마 시행착오의 기간을 최대한 줄일 수 있는 경쟁력은 '자신의 분야'에서 1인기업을 시작하는 것이다. 달리 말하면 아예 전혀 다른 길을 밟아온 사람들은 처음부터 1인기업 실행과정에서의 고생이 이루 말할 수 없고 그만큼 실패할 확률도 높다.

'아빠학교 교장'이라는 이색적 타이틀로 활동하고 있는 육아 분야의 선구자 권오진 씨의 경우, 처음엔 그의 가족들조차 그동안 하던 마케팅 관련 일을 그만두고 '아이들과 노는 것'을 업으로 삼겠다는 것을 이해하지 못했다고 한다.

그런가 하면 현재 1인 출판을 하는 한 선배는 직장을 다니며 모아두었던 1년 치의 생활비를 부인에게 주면서 앞으로 1년 동안 수입이 없을 것이라며 못을 박고 시작했다고 한다. 다행히 그는 2년 만에 집에 생활비를 조금씩 가져다줄 수 있었다. 하지만 그것조차 되지 않아 예전에 자신이 있었던 자리로 돌아가기를 꿈꾸는 이들도 많이 보았다.

이처럼 주변 사람들에게 이해받기 힘든 상황을 헤치며 나아가야 하는 일이 1인기업가들에게는 흔하다. 사실상 모든 1인기업의 시작은 막막함 그 자체일지도 모른다. 때로 그런 과정들은 마치 누가 더 어려움을 버티며 꿈을 꿀 수 있는지 한계에 대한 도전처럼 보이기도 한다.

1인기업의 경제적 불안에 대해

나 역시 1인기업을 시작할 당시에 경제적 불안감이 정말로 컸다. 모아놓은 돈도 거의 없는 외벌이 가장이 마흔다섯 살에 비교적 안정적인 직장을 떠나면서 마음이 편할 리 있었겠는가. 심지어 나는 아내에게 농담 반 진담 반으로 "정말 안되면 나는 야간경비라도 하고, 당신은 청소 같은 잡일을 해서라도 1~2년만 견뎌보자. 그 정도면 굶지는 않겠지….'라는 말을 하기도 했다. 생각해보면 아내는 이런 무섭고도 무책임한 말을 해대는 가장을 용케도 참아준 셈이다. 그런 면에서 배우자는 1인기업의 최대난적이요, 최고의 응원군이기도 하다. 배우자의 도움을 받지 못하면 일에 써야 할 에너지를 엉뚱한 곳에 쏟아야 하는데, 그래서는 살아남기가 쉽지 않다.

결과적으로 나는 운이 좋았다. 10년 가까운 시간을 한 분야에서 꾸준히 일해왔고, 동종 업계의 사람들과 나쁘지 않은 관계를 만들고자 나름대로 노력했던 것이 1인기업의 시작점에서 예상치 못했던 효과를 발휘했다. 창업하고 함께 일했던 곳에서 꽤 적지 않은 일감을 밀어준 것이다. 물론 면식이 있다는 이유만으로 전혀 일을 못할 사람에게 그리한 것은 아니다. 그래도 내가 일하는 것을 본 사람들과 그들의 소개에 힘입어 일거리를 좀 더 쉽게 얻었음은 부인할 수 없는 사실이다. 애초에 나의 지론이 '친

창업 비용 2만 원, 1인기업으로 살아남기

구는 못 만들어도 최소한 적은 만들지 말자!'였는데 그 덕을 톡톡히 본 셈이다.

무언가 일을 마구 벌이는 사람에게 흔히 하는 조언이 있다. "누울 곳을 보고 발을 뻗어라." 내게도 그런 '누울 곳'이 있었다. 공공기관을 퇴직한 후 옮겼던 전직전문기업(기업 퇴직자의 재취업과 창업지원 서비스를 제공하는 회사) 인덱스루트코리아는 당시 일이 꽤 몰리는 상황이었고, 내가 회사에 들어가 만들어낸 결과 역시 그렇게 나쁘지 않은 편이었다. 덕분에 AC로 일하게 되었다. 대부분의 전직전문기업에서는 AC제도를 운영한다. AC는 내부에서 정규적으로 급여를 받지는 않지만 다른 경쟁회사에 가지 않는 한 일을 가능한 한 먼저 배분받는다. 즉 AC제도는 약한 구속력을 가지는 계약 형태의 전문가 인력풀 시스템이다. AC라는 최소한의 지지대에 내가 스스로 개척한 몇 곳을 더 얹으면, 생계가 급한 최악의 경우는 걱정하지 않아도 되겠다고 계산했다. 다행히 계산은 틀리지 않았을뿐더러, 솔직히 기대 이상이었다. 독립 첫해부터 정규직 시절 이상의 연봉을 벌 수 있었는데, 아마도 1인기업에서 흔하지 않은 케이스일 것이다.

그 이유를 크게 세 가지로 보면, 첫 번째는 내가 오랜 기간 일해온 분야에서 독립했다는 점, 두 번째는 누울 곳(혹은 기댈 곳)을 보고 발을 뻗을 수 있었다는 것, 그리고 세 번째는 시장의 트렌드에서 벗어나지 않은 덕분이었다고 본다. 먼저 시장 트렌드

· 1인기업 시작 전 체크해야 할 세 가지 ·

체크 사항	내용
경력 활용 가능성	• 자신이 잘 아는 분야인가? • 일이 나오는 경로를 이해하고 있는가?
최소한의 기댈 곳	• 어려움이 있을 때 자신을 지원해줄 곳이 있는가? • 최소 어느 정도의 수입을 기대할 수 있는가?
시장 트렌드 파악	• 성장하는 분야인가? • 위험변수는 무엇인가?

측면에서 보면, 직업상담 시장은 내가 오랜 방황 후 다시 시장에 진입한 2007~2010년 사이에 진입자가 폭발적으로 늘어났다. 이것은 시장이 성숙해졌다는 방증으로 볼 수 있다. 직업상담 시장이 정점에 달했던 시기는 2014~2016년 정도로, 운이 좋게도 내가 독립한 해부터다. 그 큰 흐름 덕분에 시장에서 상대적으로 유연하게 연착륙할 수 있었다. 만약 시장이 성숙하기 전이나, 어떤 사유로 어려웠던 때라면 궤도에 오르는 시간은 훨씬 오래 걸렸을 것이다.

이제 시작을 염두에 두고 있는 1인기업이라면, 여기서 언급한 세 가지 측면(경력, 기댈 곳, 시장 트렌드)을 반드시 검토한 후에 일을 진행하기를 권한다.

1인기업 시작 후 내가 얻은 기쁨

CEO리더십연구소 김성회 소장은 『프리워커로 사는 법』에서 다음과 같이 말했다.

기성세대에게 회사를 나가겠다는 사표란 젊어선 불온한 로망이고, 나이가 들어선 불안한 노망이다.

40대 중반을 넘어 1인기업의 길에 들어선 나는 불온과 불안 사이 어디쯤에 있었다. 불온과 불안 사이를 오가며 시작한 1인기업을 통해 몇 가지를 얻었다. 그중에는 좋은 것도 있고 나쁜 것들도 있다. 어떤 것은 기대했던 것이었고 또 다른 어떤 것은 기대하지 못한 것이었지만, 지금의 내 생활은 직장을 다닐 때와는 확연히 바뀌었다. 먼저 1인기업 시작 후 얻은 기쁨들을 살펴보자.

내 방식대로 산다는 자부심

직장생활은 누구에게나 복잡하게 느껴지고 순조롭게 보내기 쉽지 않다. 수많은 이해관계, 직장에서 얽혀야만 하는 사람들, 매일같이 정해진 반복적인 일과들…. 나는 항상 뭔가에 얽매인 기분으로 직장생활을 하는 게 싫었다. 좀 더 단순하게 일에만 집중하고 싶었다. 어쩌면 이것은 조직에 적응하지 못한 변명일지도 모르겠다. 그러나 1인기업은 자신의 방식대로 일의 방향을 자유롭게 결정할 수 있어서 더 매력적인 영역이다. 그렇기에 1인기업 시작 후 느끼는 최고의 매력을 말하라면 가장 먼저 자율성을 들 수 있다.

직업상담 분야에는 흔히 '직업가치관'이라고 부르는 것이 있다. 직업에서 추구하는 가치, 즉 개개인이 직업을 통해 무엇을 얻고자 하는지를 일정한 지표로 분류한 것인데, 나는 늘 '자율과 독립성, 변화의 추구'라는 부분이 꽤 높게 나오곤 한다. 이런 직업가치관을 가진 내게 '매뉴얼화된 프로세스와 안정적인 과정'이 핵심인 공무원이나 공공기관 생활이 잘 맞지 않았던 것은 당연한 게 아니었을까? 그런 측면에서 보면 1인기업은 시작부터 끝까지 자율적 결정이 이어지는 과정이고 그 결과에 대해서만 책임지면 되는 구조다. 일반적인 직장과 비교해 상대적으로 일에 집중하기 좋은 환경이다.

직장 시절을 떠올려보면, 정작 사람을 무기력하게 만드는 것은 힘든 업무가 아니었다. 에너지를 뺏는 것은 오히려 불필요하게 신경 써야 하는 인간관계나 도대체 왜 해야 하는지 모르겠는데도 따라야만 했던 업무 지시 등이었다. 물론 1인기업도 이런 부분에서 완전히 자유롭다고 할 수는 없으나 훨씬 더 적은 스트레스에 노출된다. 약간의 손해를 감수할 수 있다면 실적이나 성과를 위한 게 아닌 불필요한 요소는 배제해도 되기 때문이다.

무엇보다 아직 진행형이긴 하지만, 이 삶의 방식을 직접 결정했고 내 뜻대로 살고 있다는 자신감은 스스로에게 용기와 단호함을 주었다. 직접 결정한 방식이니 물러설 곳이 없다는 것을 잘 알기 때문이다. 당연히 자발적 선택은 밀려서 한 선택이나 타인의 강요에 의한 선택보다 훨씬 강력한 추진력이 생긴다. 해마다 연초에 아무것도 정해지지 않은 업무환경이 누군가에게는 스트레스가 되겠지만, 스스로 만들어가는 것이 신나는 내게는 스트레스 이상의 기대감을 준다.

배우고 실험하고 전달하는 즐거움

자신이 원하는 가치를 위해 스스로 결정하는 삶이라는 것과 함께, 1인기업의 또 다른 최대 매력은 끝없이 배우고 실험하고 이를 전달하는 총체적인 과정이 반복된다는 점이다. 반복적인 것을 그다지 좋아하지 않는 사람에게도 무언가를 배우고 경험하는 것은 전혀 다른 문제다. 거기다 내가 일하는 분야는 사람들의 일과 삶 속에서 배워야 하는 것이기에, 모든 일상은 배움의 과정이 되고는 한다. 책뿐만이 아니라 일상을 통해 배우고, 그것을 현실에서 실험하고 결과가 만들어지는 일련의 과정을 보는 것은 대단히 매력적이다.

나는 그런 과정을 즐기는 편이다. 이것도 체질에 맞아야 하겠지만, 특히 직업 분야는 머릿속으로 맴도는 생각과 이론뿐만 아니라 사람과 함께 부딪히면서 비교적 선명하게 드러난 결과도 함께 다루는 경우가 많다. 고객이 재취업에 성공하는지, 즐겁게 일하는지 등등. 이런 과정과 결과 속에서의 살아 있는 공부는 더욱 흥미롭고 무한한 에너지를 준다.

1인기업의 경우, 어떤 식으로든 자기 분야의 지식을 습득하고 실험해야 한다. 그리고 그것에 자신만의 경험과 가치, 해석을 보태 고객에게 활용하거나 전달해야 하는 직업적 숙명을 가지고 있다. 어떻게 생각해보면 누군가를 도움으로써 배우고, 그렇게 배운 것을 전달함으로써 먹고살 수 있는 것은 행복한 일이다. 오늘도 나는 흔쾌히 기쁜 마음으로 사람을 만나고 이야기하고 배운다. 책과 인터넷에서 얻은 정보를 현실에 맞게 적용하는 과정에서 직업과 관련된 문제를 풀어가는 새로운 길을 만들어내기도 한다. 때로 끝없는 배움은 나를 지치게 만들 때도 있다. 그러나 대체로 이런 과정은 어렵지만 의욕을 고취시키고 에너지를 주는 작업이기도 하다.

노하우가 쌓일수록 생기는 시간적 여유

평소 내가 요청받는 강의 중에는 지방에서 들어오는 것이 꽤 있다. 얼마 전 바쁜 와중에 강원도 지역에서의 강의를 요청받았고 어떻게 해야 할지 빨리 결정을 내려야 했다. 돈을 생각하자면 응당히 일을 받아야 했으나, 그 강의를 전후해 경상남도 쪽에도 일정이 잡혀 있는지라 몸이 먼저 살짝 움츠러들고 있었다. 흔쾌히 받지 못하는 것은 내가 무리하고 있다는 것을 무의식적으로 느낀다는 이야기였다. 죄송한 마음을 담아 강의가 어렵다고 대답했다. 만약 회사에 소속된 직장이었다면 어땠을까? 내가 피로하다는 이유로 거절할 수는 없었을 것이다. 어떤 사정이 있든 나는 일을 진행했을 것이고, 애초에 거절 따위는 고려의 대상이 아니었을 것이다.

1인기업이 시간적 여유가 많을 것이라는 믿음은 사실일까? 반은 맞고 반은 틀리다. 상대적으로 직장인에 비해 자신의 이익을 포기하고 시간을 만들 수 있는 것은 사실이지만, 그나마 경제적인 여유가 있을 때의 이야기다. 만약 돈을 생각하지 않고 일을 거절할 수 있을 정도로 수입이 충분한 게 아니라면, 사실상 자기 시간을 자기 마음대로 쓰지 못하는 상황이 발생한다. 일거리가 없어서 경제적으로 허덕대는 처지라면 어떤 상황이라도 일을 받아야 하기 때문이다. 이때는 겉보기에만 여유가 있어 보일 뿐, 시간적 여유는 남의 이야기나 마찬가지다.

1인기업으로 생활한 지 만 6년이 되어가다 보니 이제 한 가지 눈에 보이는 게 있다. 베테랑과 달리 이제 갓 1인기업을 시작한 신입들은 똑같은 시간을 일하더라도 느끼는 시간적 여유에 차이가 있다는 것이다. 베테랑들은 이동 중이나 일을 준비하며 생기는 짧은 여유 시간인 이른바 '쪽 시간'을 잘 활용하는 편이다. 그에 비해 신입들은 다른 일에 묶여 사이사이에 있는 짧은 시간을 거의 인식하지 못한 채 흘려보내기 쉽다. 어차피 시간이란 상대적 개념이다. 결국 1인기업의 시간적 여유란 개인의 활용 능력에 따라 사실이 될 수도 있고, 잘못된 믿음이 될 수도 있다고 봐야 한다.

시간을 조절하는 것이 기술이라면 나 역시 기술이 조금씩 늘고 있다. 쭉 시간의 활용은 물론이고 일정을 조절하는 데도 노하우가 생겼다. 이러한 작은 노하우들이 쌓이다 보면 결국 시간적 여유가 생길 것이다.

1인기업 시작 후
얻게 된 어려움

 독립을 앞두고 불안감이 자연스레 심해질 무렵, 주변에 도움이 될 만한 사람들을 많이 만나 조언을 구했었다. 그때 먼저 독립해 일하고 있던 한 사람의 말이 뇌리에 아주 깊이 남았다. "독립해서 일하게 된 후 24시간 핸드폰에 대한 각성 상태에 있다."라는 표현이었다.

나 역시 그랬다. 일감의 유무가 바로 생계로 직결되는 1인기업 특성상 초기 정착단계에서는 예민하고 불안할 수밖에 없다. 직장인과 비교해 안정감이 현저히 떨어지기 때문이다. 나도 예외는 아니어서 독립 초기에 24시간 대기 상태의 압박감을 경험

해야 했다. 그런데 그 압박감은 어느 정도 궤도에 오른 지금도 별로 달라지지 않았다.

일과 생활의 경계에서 줄타기

일할 때야 말할 것도 없고, 집에 있어도 늘 일 생각이 머리를 떠나지 않는다. 그러다 보니 '일과 생활의 경계'란 것이 없어진다. 간혹 1인기업가 중에서도 '워라밸(work-life balance)'을 중요시하는 사람들이 있지만 실상 직장인에 비해 확연히 나은 점은 별로 없다.

언젠가 아내와 아이들이 집을 비웠을 때 준비해야 할 일들이 밀려 그냥 주저앉아 온종일 일만 했던 적이 있었다. 물론 밥도 먹고 화장실도 갔지만, 따져보니 하루 동안 16시간을 일했다. 몸이 부서질 듯 아팠고 '이게 뭐 하는 짓인가.' 하는 생각이 들었다. 그게 또 휴일이었으니, 일하면서도 당혹감을 느껴야 했다. 이처럼 툭하면 저녁에도 컴퓨터에 머리를 박고 일하곤 했다. 어떤 아이디어가 떠오르면 빨리 기록해야 하다 보니 아이들과 놀다가도 갑자기 메모지를 집어들거나 컴퓨터를 켠다. 창업 초기에 무엇 하나 익숙하지 않았던 부족함을 결국 시간으로 커버했던 셈이다. 1인기업을 시작한 사람들에게는 어쩔 수 없이 일어나는 공통된 현상이라고 할 수 있는데, 문제는 이게 일종의 '자기 착취'가 되기도 한다는 것이다. 재독 철학자 한병철 교수의 저서 『피로사회』에는 다음과 같은 내용이 나온다.

> 성과주체는 노동을 강요하거나 심지어 착취하는 외적인 지배기구에서 자유롭다. … 그러나 지배기구의 소멸은 자유로 이어지지 않는다. 소멸의 결과는 자유와 강제가 일치하는 상태이다. … 자기 착취는 자유롭다는 느낌을 동반하기 때문에 타자의 착취보다 더 효율적이다.

쩌릿한 느낌이 머리를 때릴 정도로 인상적인 문장이었다. '어쩌면 나는 나를 위한 1인기업, 자유로운 1인기업이란 이름으로 스스로를 착취하고 있었던 것이 아닐까?'라는 의문에 한동안 고민을 놓을 수 없었다. 이에 대해 내가 찾은 해법은 철저히 시간을 분리해 사용하는 것이었다. 일단 저녁 6시 이후로는 어지간하면 일을 꺼내들지 않는다는 원칙을 세웠다. 물론 곧잘 예외가 생기곤 하지만, 나름대로 원칙에 따라 저녁 시간을 가족이나 휴식을 위해 쓰도록 노력한다. 주말에는 역시 오전 반나절 정도만 일하고(사실 내 직업상 주말의 개념이 별로 없다), 평일에도 일주일에 하루 정도는 일이 없는 날 휴식을 취하려고 노력한다. 물론 시간을 분리해 사용하는 것이 항상 철저히 지켜질 수는 없다. 그

창업 비용 2만 원, 1인기업으로 살아남기

래도 이런 원칙을 세우는 게 그나마 일과 생활의 경계를 만들어 줄 수 있는 간단하고 가장 확실한 방법이라고 생각한다.

모든 직업이 그렇지만 1인기업도 일을 만들려고 들면 쉬는 날에도 얼마든지 일 속에 파묻혀 지낼 수 있다. 가끔 지인들이 내게 "물 들어올 때 노 저어라!"라고 말한다. 하지만 그렇게 하면 지속하기가 어렵다. 나는 이 일을 오래 하고 싶다.

연속되는 불안과 긴장

"3일만 연속으로 일하면 몸이 힘들어 죽겠고, 3일만 일이 없으면 마음이 힘들어 죽을 판이다." 누군가 내게 근황을 물어보면 흔히 하는 말이다. 이런 긴장이 지속되면 솔직히 '피로'는 거의 만성이 된다. 처음에는 정신적 피로감이 강했다. 긴장이 일상화될 수밖에 없는 환경에서는 정신적 피로가 어느 순간 육체적 피로까지 몰고 오게 된다.

1인기업가는 모두 나름의 압박감을 가지고 산다. 예컨대 나는 강의하는 사람으로서 온종일 끊임없이 이동하는 경우가 많다. 어느 날 딸아이에게 물었다. "연우야, 아빠가 오늘은 왕복 7시간을 운전해 이동했고 3시간을 강의했는데, 아빠는 강사인 거니? 아니면 운전사인 거니?" 딸의 대답은 '운전사'였다.

유튜버나 파워블로거같이 온라인에서 활동하는 사람은 어떨까? 그들 대부분은 지속적인 업로드에 대한 압박감이 있다. 온라인에서 콘텐츠를 제공해 성공한 사람들이 공통적으로 부르짖는 성공 노하우는 바로 꾸준함이다. 그러나 말이 쉽지 늘 새로운 콘텐츠에 대한 강박감과 싸워야 하는 사람들에게 지속적이고 꾸준한 업로드는 상당한 스트레스를 유발할 수밖에 없다. 또한 마치 강사가 청중의 반응에 예민해지듯이, 그들은 콘텐츠의 업로드 못지않게 방문자 수나 반응에 날카로워질 수밖에 없다. 이런 압박감은 모두 정신적 피로를 동반하고 이런 스트레스가 지속되면 당연히 육체적 피로까지 이어진다.

웹툰 등의 콘텐츠 플랫폼에서 잘나가는 작가들이 건강 문제로 휴재하는 것을 심심치 않게 보게 된다. 긴장과 피로는 어쩌면 창의적인 일을 하는 사람들의 숙명인지도 모른다. 아이러니하게도 바쁘지 않으면 바쁘지 않다는 이유로 스트레스가 쌓이고, 바쁘면 또 바쁘다는 이유로 스트레스가 누적된다. 자기 관리에 아주 탁월한 사람이 아니라면 이런 스트레스와 피로를 극복하기 쉽지 않다는 이야기다.

스트레스와 피로를 극복하는 방법에는 어떤 것들이 있을까? 1인기업가들의 이야기를 들어보면 사람 수만큼 다양한 방법들이 나온다. 나는 산책을 많이 한다. 그리고 최근엔 낮잠을 많이 자려고 노력하는 편이다. 낮잠은 하루를 2번 시작하는 느낌이 들어서 좋은데, 잠이란 것이 틈이 난다고 마음대로 바로 잠에 들 수가 없는 노릇이라 어려움이 있다. 다수의 노련한 1인기업가들은 이동하는 환경을 충분히 즐기는 라이프 스타일을 가지고 있다. 움직이는 곳마다 맛집을 찾고, 여행을 즐기기도 한다. 일할 때 종종 배우자와 동행하는 이유가 되기도 한다. 한 여행전문가는 지치면 아예 한 달쯤 자신이 좋아하는 곳으로 가서 다시 일할 마음이 생길 때까지 올라오지 않는다고도 했다. 원거리 작업이 가능한 이들이라면 한번 시도해볼 만하다. 누군가는 서예를 하고, 어떤 한 유튜버는 캘리그라피를 즐긴다. 운동은 1인기업가들이 가장 선호하는 스트레스 해소 방식이다.

이처럼 스트레스와 피로를 극복하는 방법은 다양하지만, 무엇이든 결국 1인기업의 과제 중 하나는 일과 일 사이의, 일반적인 직장인보다 많을 수밖에 없는 짧은 여유 시간을 '긍정적인 방향'으로 활용할 수 있어야 한다는 것이다. 그러지 않으면 시간과 시간 사이에서도 늘 일의 그늘에 묻혀버리고 만다.

나는 1년에 몇 번은 제주도 강의가 있다. 그런데 정말 일만 하고 오는 경우가 대부분이다. 반드시 어디를 간다고 여행을 즐겨야 하는 것은 아니지만, '주어진 환경'을 좀 더 적극적으로 활용하는 지혜가 필요하다고 느낀다. 솔직히 말해 효율적으로 긴장을 풀지 못하는 것은 여전히 가지고 있는 약점이다. 대신 조금씩 시간을 만들고 다른 짓을 한다. 무조건적인 에너지 투자가 지속 가능성의 측면에서 보면 별로 현명한 처신이 아니라는 것을 주변의 수많은 사례를 통해 배웠기 때문이다.

혼자 일한다는 외로움

1인기업가들에게 듣는 어려움 중 또 하나는 '혼자 일한다는 외로움'에 관한 것이다. 그러나 개인적으로 이 부분에 대해서는 별 문제 없이 잘 적응하고 있다. 의외로 함께 일하는 파트너가 많기 때문이다. 굳이 말하자면 "직장 동료를 잃었지만 일할 파트너는 얻었다."라고 표현하는 것이 어울리겠다. 솔직히 이야기하면 오히려 늘 함께하고 계속 봐야만 하는 직장 동료보다, 일이 생기면 서로의 요구가 맞아서 함께 진행하고 프로젝트가 끝나면 자유롭게 흩어지는 관계가 더 편할 때가 많다. 그럼 외롭지 않냐고? 그건 각자 알아서 풀어야 할 문제다. 반대로 물어보자. 직장 내에 동료와 함께 있다고 외롭지 않은가?

사람에 따라 다르겠지만, 내게는 좋은 파트너들이 많다. 그리고 꼭 내 직업과 연관되지 않더라도 다양한 업종에 친구들이 꽤 있는 편이다. 일을 통해 가까워진 사람들, 독서 모임 같은 취미를 통해 만나는 지인들, 옛 인연이 만든 관계 등 내 주변엔 다양한 사람이 많기에 특별히 외롭다는 마음은 잘 들지 않는다. 게다가 만나고 싶은 사람이 있으면 찾아가서 얼굴을 보면 된다. 아마도 외로운 감정을 느끼는 1인기업가들은 업무 외에는 사람을 만나려는 노력을 덜했거나, 시시콜콜 일상을 교류하는 사람의 존재가 그리운 것일 수도 있다. 어느 경우건 대안은 있다. 꽤 많은 직장을 거치면서 결국 인간관계는 당사자의 태도와 노력에 달려 있다는 것을 깨달았다.

다만 당신이 1인기업을 시작한 후부터 외로움을 느낀다면 대인관계를 한번 점검해봐야 할 수도 있다. 1인기업은 결코 혼자 일하는 사람이 아니다. 그렇게 느끼고 있다면 이미 무언가 잘못하고 있다는 증거일지도 모른다.

1인기업의 시작,
독립 후의 이야기

2014년 8월 1일, 나는 1인기업을 시작했다. 누군가에게는 갑작스러운 결정처럼 보였을지 몰라도 공공기관을 떠날 때부터 예정된 수순이었다는 표현이 옳겠다. 회사를 그만둔 다음 날 금요일 아침, 나는 방황의 시절 이후로 근 10년 만에 출근이라는 것을 하지 않았다. 출근 대신 첫 번째로 한 행동은 낮에 집 앞 공원으로 산책을 간 것이었다. 벌어놓은 돈도 별로 없고 전혀 낙관적인 상황도 아니었지만, 그날의 눈부신 산책은 지금까지 기억 속에 어렴풋이 남아 있다. '좋았다'는 말이 어울리겠다. 바람도 햇살도 마치 오랜만에 만난 것처럼 좋았다. 불안했지만 최소한의 벌이는 될 것이라는 '근거 없는 자신감'도 있었던 것 같다. 그 바탕에는 아마도 내 오랜 바람을 이룬 것에 대한 감흥이 작용했을 것이다. '결국 오고 싶은 곳으로 왔다'는 묘한 자부심이었을까?

어쨌든 나는 현실을 살아야 했다. 그 설레고 묘했던 기분은 현실의 어려움 앞에 그리 오래가지 않았다. 다행히 당장 굶어 죽을 정도는 아니었다. 무엇보다 함께 일했던 곳들에서 응원의 손길을 보냈고, 일할 수 있는 기회를 만들어주었다. 그건 이제 막 새로운 도전을 시작하는 내게 정말 소중한 기회였다.

독립 후 1년, 두 가지 원칙을 지키다

1인기업으로서 일을 시작하면서 내가 꼭 지킨 것은 아주 단순하지만 필요하다고 여긴 두 가지 원칙이었다. 바로 '맡은 일에서는 좋은 평판을 만들라'는 것과 '함께 일하기 편한 사람이 되라'는 것이었다.

첫 번째 원칙인 '좋은 평판'은 1인기업의 숙명과도 같은 것이니 따로 큰 설명이 필요 없을 것이다. 1인기업에게는 맡았던 업무에 대한 평판이 마치 꼬리표처럼 따라다닌다. 좋은 꼬리표는 마법처럼 다른 일을 불러오기도 하지만, 나쁜 꼬리표라면 보고 듣는 것만으로도 기회를 앗아가는 무서운 존재가 된다. 그렇기에 같은 강의 주제라도 계속해서 발전시켜나가야 함은 물론이었고, 내가 담당한 컨설팅 고객들의 취업에 더 신경 써야 했다. 업계 사람들과 전반적으로 좋은 관계도 만들어야 했다. 모든 과정은 '나'라는 사람에게, 시장에서 통용되는 평판이라는 꼬리표를 만드는 과정이었기에 늘 신경이 곤두섰다. 다행히 오랜 꿈을 이루기 위해 이 목표에 집중력을 발휘할 수 있었고 체력도 어느정도 감당해주었다.

두 번째 원칙의 '함께 일하기 편한 사람'은 두 가지 의미가 있다. 먼저 '일을 맡기면 최소한의 성과는 내준다는 믿음을 주는 존재'라는 의미다. 업무 담당자 입장에서는 외부와 일할 때 이런 사람이 당연히 필요하다. 이는 앞에서 말한 평판의 연장이다. 또 한 가지는 일할 때 '어떤 이유로든 담당자를 불편하게 만들지 않는 존재'라는 뜻이기도 하다. 사실 일하다 보면 준비되지 않은 상태의 업무환경을 너무 많이 접한다. 해당 분야에 대한 이해가 깊지 않은 담당자도 많거니와 여건이 받쳐주지 않는 경우도 있다. 예를 하나 들자면, 모 대학의 한 외주업체에서는 정말 말도 안 되는 환경을 만들어놓고 학생들에게 강의와 컨설팅을 해달라고 요구한 적이 있었다. 그때 내 선택은 그 상황에서 할 수 있는 최선의 방식으로 프로그램을 변환해 진행한 것이었다. 이미 만들어진 상황은 내가 불평한다고 당장 바꿀 수 있는 것도 아니었고, 담당자가 그런 의견을 좋게 받아들일 것 같지도 않았기 때문이다. 그저 말미에 "시스템을 이런 식으로 바꾸면 좀 더 원활한 진행이 가능합니다." 정도만 언급했다. 다행히도 컨설팅을 받은 한 학생이 감동스러운 후기를 남겨주었고 그걸 알게 된 업체 대표가 이후 훨씬 신경을 써주었다. 그렇게 그 프로젝트는 잘 마무리되었다.

이런 과정들 속에 일이 조금씩 늘어났다. 물론 내가 일했던 분야에서 시작된 네트워크가 초기에 큰 역할을 했음을 부인할 수 없다. 다만 그다음 요청은 약간의 운과 내 노력의 결과라고 생각한다. 이러한 모든 과정에서 나는 적극적인 사람이 되어야 했다. 내가 하지 않으면 아무도 대신할 사람이 없으니 말이다. 한번은 어느 고등학교에서 교육을 끝내고 교정을 나서는데 담당자가 바빠 미처 인사를 못 나눈 기억이 났다. 이미 교문을 나서던 상황이었지만, 어렵게 왔으니 명함을 전달하고 '나는 이런 부분을 할 수 있다'는 소개 정도는 하고 싶었다. 발걸음을 돌려 다시 들어갔다. 잠시 기다리다 담당자를 만나 인사하고 명함을 교환했다. 담당자는 혹시 이런 것도 가능하냐며 추가 오더를 부탁했고, 그 후에도 몇 번 더 일거리를 받게 되었다. 사소한 기다림과 명함 한 장이 일을 만드는 것을 보며 나도 할 수 있겠다는 자신감을 얻기도 했다. 1인기업 첫해, 나는 정규직으로 일했을 당시의 연봉보다 1.5배쯤 되는 수입을 만들었다.

1인기업에게는 맡았던 업무에 대한 평판이
마치 꼬리표처럼 따라다닌다.
좋은 꼬리표는 마법처럼 다른 길을 불러오기도 하지만,
나쁜 꼬리표라면 보고 듣는 것만으로도
기회를 앗아가는 무서운 존재가 된다.

1인기업 3년 후, 궤도에 오르다

처음 1인기업을 시작했을 때 가장 주요한 목적은 돈을 버는 것이 아니었다. 실제 직업상담 분야에서는 소속 직원으로 받을 수 있는 금액이 어느 정도 한정되어 있는 편이다. 독립한 후 꾸준히 일거리를 받게 되었지만, 돈은 여전히 더 벌고 싶은 갈증을 유발하는 존재였다. 더 벌 수 있으면 좋겠다고 생각은 했지만, 한편으로는 이 직업이 가지는 특성상 '크게 돈을 벌 일이 없다'고 판단하고 있었기도 했다. 그런 내 상식을 깨는 일이 3년 차에 접어들었을 때 발생했다.

3년 차가 되었을 즈음 징그럽게 바쁜 시간이 지속되었다. 용케도 일이 겹치지 않게 골고루 나누어 들어왔고(이게 생각보다 크게 작용한다), 몸은 힘들었으나 이런저런 고민 없이 무작정 뛰어다녔다. 그게 신나는 경험이기도 했고, 뿌듯하기도 했다. 그렇게 한 달간 일한 수입은 월 1천만 원을 넘어 있었다. "세상에! 이 일로도 이렇게 벌 수 있구나." 물론 그 이후로 한 달에 그 정도 수입을 올린 건 몇 번 되지 않았고 매년, 매월 편차가 심하다는 사실도 알게 되었다. 그러나 1천만 원의 수입은 이 일의 새로운 가능성을 본 놀라운 경험이었다.

3년여의 시간을 보내며 여러 고비를 겪었지만 자신감을 가지게 되었다. 어떻게든 살아남을 수 있겠다는 자신이었는데, 그것은 그동안 내가 얻은 '경험' 못지않은 '인간관계'에서 기인한 것이기도 했다. 드라마 〈상도〉에서 거상 임상옥은 "장사는 이문이 아니라 사람을 남기는 것"이라는 말을 했는데 묘하게 기억에 남아 있다. 결국 세상은 혼자 사는 것이 아니라는 평범한 진리를, 1인기업을 시작하고서야 머리가 아니라 마음으로 제대로 배운 셈이다.

  물론 그동안 늘 잘 풀리기만 했던 것은 아니다. 어느 해는 전직 시장이 거의 없다시피 얼어붙은 해도 있었다. 처음에 이런 상황을 맞닥뜨렸을 때는 막막했다. 그러나 지금은 안다. 누구나 그렇지만 사람은 어떻게든 살아보면 살길이 열린다는 것을 말이다. 나는 몇 해 동안 전직지원이란 업무가 막히면서 고전했지만, 그때 마침 재직자와 퇴직자를 위한 생애설계 쪽 교육이 늘면서 그 어려움을 이겨낼 수 있었다. 그 경험 덕에 지금은 혹여 강의가 겹치거나 줄어도 예전만큼 걱정하지 않는다. 한쪽 기회가 막히면 다른 쪽 기회가 열린다는 것을 알기 때문이다.

1인기업으로서 첫 슬럼프를 겪다

문제는 좀 다른 영역, 이전에는 생각지도 못한 영역에서 왔다. 슬럼프 아닌 슬럼프가 내게 찾아온 것이다. 2016년 6월경으로 기억한다. 한 달 동안 통틀어도 며칠 쉬지 못하는 상황이 계속되었다. 그나마 간신히 주어진 쉬는 시간에는 사이사이 다른 것들을 준비해야 하는 상황이었다. 그 속에서 나는 지쳐갔다. 내가 나를 쥐어짜는 기분마저 드는 상황에서 '어쩔 수 없다'며 버틴 이유는 1인기업이라 해서 들어오는 일들을 마음대로 거절할 수는 없기 때문이었다.

강의와 교육에 관한 1인기업은 세 부류로 나눌 수 있다. 첫 번째 부류는 일을 거절할 수 있는 사람들이다. 이 사람들은 정말로 유명한 네임밸류를 가진 사람들이다. 흔히 지상파 TV 방송에 출연하는 셀럽의 경지에 이른 강사들 혹은 유명 대학교의 인기 교수나 대기업 임원 출신으로 누구나 알 만한 사람들을 예로들 수 있다. 이 부류의 모두가 꼭 그렇지는 않겠으나, 다른 부류에 비해 상대적으로는 일에 대한 선별이 자유롭다. 두 번째 부류는 강의가 많이 들어오기는 하나 거절의 자유는 별로 없는 사람들이다. 원래 이쪽 일이란 것이 한번 거절하면 다음을 기약할 수 없는 상황인지라 할 수 있다면 웬만해선 일을 맡는다. 물론 터무니없어 보이는 것들은 거절할 수 있지만, 기본적으로 일 선택의 자유는 상당히 제한적이라고 봐야 한다. 마지막 세 번째 부류는 강의 자체가 잘 들어오지 않아 선택의 자유에 대한 논의가 거의 의미 없는 사람들이다. 생각보다 많은 강사들이 여기에 속하는데, 그들은 일이 들어오면 당연히 맡기로 한다. 일의 성격 등을 따지기엔 상황이 너무 급박한 사람들인 셈이다. 물론 가끔 취미로 강의를 하는 사람들은 예외다.

객관적으로 생각해봤을 때 나는 두 번째 부류에 속한다. 그러나 역시 선택의 자유가 많지 않다 보니 일이 몰릴 때는 여유를 찾기 힘들다. 늘 새로운 강의안이나 교육 준비에 신경을 곤두세우기도 한다. 좀 더 개선된 방법, 아이디어에 늘 굶주려 있다. 그러니 시간이 나면 새로운 정보를 얻기 위해 어떻게든 책을 읽고, 인터넷을 보고, 사람들을 만나야 한다. 때로는 일이 즐거운 건지, 아니면 일이 나를 덮어버린 건지 구분이 안 될 때가 있다. 체력이 좋은 사람 혹은 아주 젊은 사람이면 모르겠지만 대부분의 사람들은 에너지에 한계가 있다. 마치 그 한계를 탐색하려는 듯한 과정들이 수시로 나를 덮쳐왔다. 처음엔 대응방법을 알지 못했다. 어떻게든 틈틈이 쉬어야 하고, 잘 쉬어야 한다는 걸 몰랐던 그 시기에는 그저 몸으로 버텼다. 가끔은 강의가 수십 일 동안이나 연속해 잡히기도 했는데, 이럴 때는 장거리 이동 중에 차를 몰고 졸음과 싸워야 했다.

다행스럽게도 지금 나는 약간씩이나마 일거리를 선별적으로 받고 있다. 감당이 안 되는 시간적 압박이나 체력적 문제 등이 있을 때는 거절한다. 그리고 쉬는 시간도 좀 더 적극적으로 활용한다. 경험이 쌓이며 개선된 부분이다. 그럼에도 1인기업은 시간과 체력적 문제에서 자유로울 수 없다는 것을 뼈저리게 배

창업 비용 2만 원, 1인기업으로 살아남기

운 시기였다.

　지금 나는 1인기업 6년 차를 지나고 있다. 여기저기서 얻어낸 작은 깨달음들이 쌓여 지금의 나를 만들었다. 이제 6년 차니 나는 아직 성장단계의 기업인 셈이다. 그리고 앞으로도 내가 맡은 일을 통해 전문성만이 아니라 인간적으로도 더 성숙해질 것을 기대하고 있다. 우리가 매일 조금씩 나아질 수 있다는 사실을 믿으면 세상은 정말 그렇게 된다.

온라인 쇼핑몰 '찬스몰'
전유찬 대표

실무와 이론을 겸비한 온라인 쇼핑몰 10년 경력의 베테랑 ──────
수입제품의 국내 판매와 해외 구매대행 서비스를 제공하는 찬스몰의 대표다.
온라인 쇼핑몰 및 구매대행 관련 강의와 컨설팅을 병행하고 있다.

Q 어떤 일을 하시는지 간단히 설명 부탁드립니다.

A 수입제품을 국내에서 판매하거나 국내 소비자들에게 해외 구매대행 서
비스를 제공하는 쇼핑몰을 운영하고 있습니다. 동시에 온라인 쇼핑몰
창업과 해외 구매대행 서비스에 관한 교육도 진행하고 있습니다. 대학
에서 창업과 쇼핑몰을 주제로 강의도 하며, 컨설팅과 멘토 활동을 병행
하고 있습니다. 판매가 주력이고, 실무에서 얻은 이론을 바탕으로 교육
을 하는 셈이죠.

Q 왜 1인기업 창업을 결심하게 되었나요?

A 처음에는 친구와 함께 창업을 했습니다. 하지만 동업하다 보니 많은 문제들이 발생했고, 심적으로도 늘 불안함을 느끼게 되었죠. 무엇보다도 자유롭게 일할 수 있다는 장점 때문에 1인기업을 시작하게 되었습니다. 저는 아직 미혼이라서 수입과 안정성에 대한 부담이 덜하기도 했습니다.

Q 창업 준비에 어느 정도의 시간과 노력이 들었나요?

A 그동안 창업에 실패한 기간까지 포함한다면 꽤 오랜 시간이 걸렸지만, 정작 1인기업은 크게 생각하지 않고 진행한 것 같습니다. 이 분야에서 망하지 않는 법을 터득한 후에는 이 일이 더 매력적으로 느껴졌고요. 업계 전체 경력은 10년 정도라고 보면 됩니다.

Q 일을 시작할 때 배우자의 수입이나 일을 줄 만한 업체 등 기댈 곳이 있었나요?

A 주위에 관련된 타 업체의 일들을 도와주며 생활비를 충당했고, 다른 수입은 없었습니다. 초기에는 재고는 많은데 잘 안 팔려서 스트레스를 많이 받았습니다. 그나마 스트레스에 강한 성격이라 버틸 수 있었죠.

Q 창업 후 얼마 만에 안정적인 수입이 생기기 시작했나요?

A 안정적이라고 할 수 있는 수입은 창업한 지 2년 정도가 지나자 발생했습니다. 그 시점에 매출이 많이 상승했습니다.

Q 1인기업이 궤도에 올라설 수 있었던 결정적 원인이 있을까요?

A 동업은 아니지만 같이 일하는 파트너들을 많이 두었습니다. 여기서 파트너란, 제가 가르쳤던 교육생들을 말합니다. 교육생들을 파트너로 삼아 협업하기도 했습니다. 제가 직접 상품을 수입하고 파트너들에게 위탁판매를 부탁한 거죠. 물론 파트너들의 업무를 충분히 인정하고 합당한 대우를 해주었고, 그들의 도움 덕분에 혼자서도 일을 처리할 수 있는 시스템을 만들어냈습니다.

Q 요즘은 워낙 유튜브가 성황이다 보니 마치 전자상거래 시장이 후퇴한 것처럼 보이기도 합니다. 실제로 그런가요?

A 전혀 그렇지 않습니다. 전자상거래 시장은 여전히 늘고 있습니다. 예전에는 많은 초기 비용이 들어가는 개인숍이 많았는데, 지금은 적은 초기 비용으로도 운영 가능한 네이버 같은 사이트의 오픈마켓이 주력이라고 할 수 있습니다.

Q 중장년의 쇼핑몰 창업을 어떻게 보시나요?

A 솔직히 말해 중장년층은 새로운 것에 대한 습득력이 떨어집니다. 물론 개인차가 크긴 하지요. 몇 배의 노력이 필요하지만 인터넷 기반 시스템에 적응하는 데 무리가 없다면 가능하다고 봅니다. 70대분이 열정을 갖고 스마트스토어를 운영하는 것도 보았습니다. 중장년들에게는 결국 경력과 네트워크 활용이 관건입니다. 보통은 초반에 잘 안되면 쉽게 포기

하는데, 6개월 정도는 해봐야 알 수 있습니다. 못하는 사람은 사이트 운영하는 것만 봐도 바로 알 수 있습니다.

Q 저렴한 사입처가 제일 중요해 보이는데, 그런 곳을 발굴하는 개인적인 노하우가 있나요?

A 물론 사입처도 중요하지만, 그것보다는 판매 노하우나 기법이 더 중요하다고 봅니다. 사입처는 알리바바 등을 활용해 찾는데, 그 과정에서 유행을 잡아내는 능력이 필요합니다. 위탁배송도 관심을 가질 수 있으나 국내 제조업체를 선별해 직접 소싱하는 노력이 중요합니다.

Q 1인기업을 운영하며 얻은 것과 잃은 것은 무엇인가요?

A 자유롭게 일할 수 있다는 점을 1인기업의 가장 큰 장점으로 꼽을 수 있습니다. 게다가 제가 하고 있는 구매대행은 지역에 구애받지 않고 일할 수 있는 분야죠. 같이 일할 수 있는 좋은 파트너들을 얻은 것 또한 저의 큰 자산이 되었습니다. 반면 잃은 것은 잘 생각나지 않네요. 혼자 일하는 업무 방식이 저에겐 딱 맞는 것 같습니다.

Q 일상에서 스트레스나 피로를 극복하는 재충전 노하우가 있나요?

A 일이 없는 날은 많지 않지만, 시간이 나면 주로 집에서 휴식을 취하거나 미드(미국 드라마)를 보고 책을 많이 읽습니다. 혹은 여행을 가거나 운동을 하거나 맛있는 음식을 먹는 것으로 스트레스를 해소하기도 합니다.

Q 자신만의 1인기업 운영원칙이 있나요?

A '시간 관리를 잘하자'는 것입니다. 일하다 보면 본인이 가장 잘 알게 됩니다. 내가 과연 지금 일을 하고 있는지, 일하는 척하는 건 아닌지. 주위의 눈치를 볼 필요도 없고, 간섭받을 필요도 없기 때문에 자신의 시간을 어떻게 활용하느냐에 따라서 수입이 달라집니다.

Q 전망 있는 1인기업 분야는 뭐라고 생각하세요?

A 지금 제가 하고 있는 온라인 쇼핑몰 운영이 가장 비전이 있다고 생각하지만, 그 외에도 현재 트렌드를 생각해본다면 동영상 편집자가 전망이 있다고 생각합니다.

Q 지금 일과 관련해 어떤 미래를 꿈꾸고 있나요?

A 온라인 쇼핑몰에 관심이 있고 열정이 있는 분들에게 많은 노하우를 전수하고, 저와 뜻을 같이하는 사람들과 풍요롭게 살아가고 싶습니다. 또 상황이 된다면 저만의 상품브랜드를 만들고 싶어요.

Q 1인기업으로 살아남기에 가장 힘든 난관은 무엇이고, 그 어려움을 어떻게 극복할 수 있을까요?

A 직장인처럼 일정 수입을 보장받지 않기 때문에 본인의 노력에 따라서 수입이 달라지는 점입니다. 수입이 불안정하면, 그리고 누군가 도와주지 않는다면 자신이 책임져야 하니까요. 1인기업이라고 해서 혼자만 잘

났다고 일할 수 있는 게 아닙니다. 먼저 같은 길을 갔던 선배 창업가들을 만나서 조언도 구하고, 그분들과 좋은 파트너가 되어 서로 이끌어주는 관계를 맺는 것이 좋다고 생각합니다.

Q 같은 분야의 신규 진입 희망자에게 해주고 싶은 말이 있나요?

A 이 분야는 쉽게 창업할 수 있다 보니 준비가 부족한 상태에서 들어오는 경우가 많습니다. 경험상 열정과 자신감만으로 창업을 시작하면 오랜 시간 동안 운영하기가 쉽지 않습니다. 앞으로의 운영에 대한 충분한 계획을 세우고 시행착오를 줄일 수 있도록 미리 준비해야 합니다. 또한 중요한 것은 수입이 없더라도 충분히 버틸 수 있는 무언가가 있어야 한다는 겁니다. 그 무언가는 돈, 정신, 파트너, 시스템 등이 될 수 있을 것 같습니다. 절대 누군가가 당신을 책임져주지 않습니다. 열심히 일하는 것은 기본이겠지만, 다양한 활동을 통해 자신만의 인맥을 만드는 것이 중요합니다.

이제 우리는 거대한 직업의 변화 앞에 서 있다.

직업의 급속한 분화 속에 수많은 1인기업이 생겨나고 있다.

생각해보면 우리는 이미 직장인이었던 시절부터 1인기업이었다.

Part 2

1인기업의
시대

왜 지금
1인기업인가?

　　　　　1인기업이란 말이 이제는 낯설지 않다. 아니, 솔직히 말하자면 너무도 익숙해져 신선함이 떨어져가는 느낌까지 든다. 2019년 12월 12일 통계청이 발표한 '2018년 기준 기업 생멸 행정통계 결과' 자료를 보면, 한국에서 활동하는 기업 중 78.9%가 종사자 수 1명의 '나 홀로 기업'이라고 한다. 이 수치를 보면 1인기업은 시대의 중심을 관통하고 있는 존재로, 우리가 예상했던 것보다 훨씬 영향력 있다고 볼 수 있다. 이런 현상은 비단 한국만의 이슈가 아니다. 일레인 포펠트의 저서 『나는 직원 없이도 10억 번다』에 나온 '미국의 2016년 중소기업 개요'에 따르면 미국 내 2,800만 개의 소규모 사업장 가운데 230만 개는 '상시근로자가 없는(nonemployer)' 회사라고 한다. 다른 나라와 비교해봐도 전체 기업 대비 소상공인 비중이 일본은 62.7%, 영국은 무려 95%라는 연구('소상공인을 둘러싼 3대 변화 및 대응사례', IBK 경제연구소, 2017년 5월) 결과가 있다.

이쯤 되면 1인기업이 대세라는 말도 틀린 말은 아니다. 문제는 정작 "도대체 뭐가 1인기업이고 그들은 어떻게 살아남는가?"라는 현실적인 주제에 대한 일반인들의 관심은 놀라울 정도로 적다는 것이다. 간혹 이 문제를 다룬 책이 있지만 놀랍고도 탁월하게 성공한 억대 1인기업들만 다루고 있어, 현실적인 시장을 제대로 조명하기 어렵다. 나는 이 책에서 상위 1%만을 이야기하거나 1인기업의 매력을 어필하는 노력보다는, 더 실체에 가깝고 고민해야 할 이야기들을 주로 다루고자 한다. 어쩌면 한 사람의 인생을 바꾸어놓을 선택을 환상적인 성공스토리만으로 안내하는 것은 너무 위험하기 때문이다.

1인기업이 늘어나는 이유

일단 먼저 주목해야 할 것은 "1인기업은 도대체 왜 지금 시점에 이렇게 많아졌는가?"라는 문제다. 대부분 하나의 현상이 사회에서 도드라지는 것은 어떤 한 가지 이유보다 복합적인 요인이 함께 작용했을 가능성이 크다. 1인기업의 증가 역시 외적·내적 요인들이 맞물린 결과라고 볼 수 있다.

특히 외적 요인으로 가장 크게 작용한 것은 안정적으로 여길 만한 일자리의 부족이다. 여러 경제적 사건을 겪으며 자신들의 직업이 미래에도 안전할 거라고 믿지 못하게 된 사람들의 자생 노력은 인터넷이란 새로운 환경을 타고 크게 번졌다. 경제적 사건 중 하나로 IMF 경제위기를 들 수 있다. 지금까지 한국에서 가장 큰 경제적 난관이었던 IMF 경제위기는 눈에 보이는 현상을 넘어 시대의 중요한 변곡점이 되었다. 이때부터 직장인들은 직장을 신뢰하지 않게 되었고, 기업 역시 평생 고용을 고려하지 않게 되었다. 이른바 '각자도생의 시대'가 시작된 것이다.

기업의 결정 아래 개인은 할 수 있는 것이 별로 없는 상황과 마주하게 되었다. 초창기에는 스스로 살아남을 대안으로 흔히 생각하는 치킨집을 포함한 창업을 선택했으나, 곧 그것은 쓸 만한 대안이 아니라는 것을 알게 되었다. 사람들은 돈을 많이 들이지 않아도 되는 '아이디어와 혁신' 중심의 창업모델을 생각하게 되었고, 때마침 찾아온 인터넷의 폭발적 성장을 접하면서 개인도 힘이 강해질 수 있음을 깨닫게 되었다. IMF와 금융위기 그리고 인터넷의 발달이 절묘하게 맞물리면서 살벌하지만 다양한 직업 생태계가 만들어진 셈이다. 4차 산업혁명이 이슈로 떠오른 것도 이런 직업 생태계 변화에 영향을 미쳤다.

　반면 내적 요인은, 외부의 환경이 변하면서 함께 변화한 사람들의 생각과 삶의 가치에 기인한다. 예전에는 '먹고살 수 있으면 모든 것을 참아내는 시대'였지만, 이제는 '돈을 덜 버는 한이 있어도 스스로가 원하는 삶을 살고 싶어 하는 시대'가 되었다. 좀 더 부유한 환경에서 자란 청년들은 물론이고, 어려운 시대를 살아냈던 중장년조차도 이제는 돈이란 가치에 묶여 삶을 올인(all-in)하지 않는다. 돈의 위력은 유사 이래로 가장 강력해진 세상인데, 왜 이런 일이 벌어졌을까? 나는 이런 변화를 돈에 대한 반감이 아니라, 사회적 가치가 다양하게 확장됨에 따라 '자신의 것을 추구하면서도 돈을 벌 수 있다'는 개인들의 기대 또한 커진 결과라고 본다. 단적으로 말하자면, 이제 '자신이 좋아하는 어떤 일로도 먹고살 수 있는 시대'가 도래했다는 믿음이 팽배해진 것이다.

　여기서 한 가지 문제가 남는다. 방향성은 잡혔지만, 수많은 진입자가 생기고 있는 상황에서 "도대체 어떻게 하면 시행착오를 줄이고 살아남을 수 있는가?"라는 화두다.

1인기업의 정의와 분류

1인기업이란 어떤 기업을 말하는가? 아주 간단한 질문 같아 보이지만 의외로 논의가 만만치 않다. 1인기업이라는 말을 많이 들어왔고 나 또한 1인기업의 범주에 속해 있지만, 사회적으로 그 규모와 범주에 대해서는 의견이 분분해 이야기 나눌 거리가 너무 많기 때문이다. 이럴 때 필요한 것은 1인기업의 정의다. 1인기업의 정의를 어떻게 내리느냐에 따라 다양한 형태의 1인기업 카테고리가 정해질 테고, 그에 따라 자연스럽게 1인기업의 규모와 범주도 정리될 것이다.

1인기업이란 무엇인가?

1인기업을 구별하는 기준은 크게 두 가지로 볼 수 있다. 첫 번째는「1인 창조기업 육성에 관한 법률」제2조에 해당하는 1인 창조기업 또는 예비 1인 창조기업(예비창업자)이다. 여기서 1인 창조기업이란 "창의성과 전문성을 갖춘 1인 또는 5인 미만의 공동사업자로서 상시근로자 없이 사업을 영위하는 자"에 한해 인정된다. 1인 창조기업 지정 후에는 정부에서 지원하는 몇 가지 혜택들, 예컨대 각 지역 1인 창조기업 지원센터의 공간 활용, 창업·세무·법률에 대한 자문과 교육, 일부 마케팅 비용의 지원 등을 누릴 수 있게 된다. 즉 이것은 정부가 지원을 위해 분류한 1인기업의 정의다.

그러나 이러한 범위의 축소는 1인기업을 지나치게 한정한다. 실제로 1인기업은 이보다 훨씬 다양한 형태로 운영된다. 1인기업의 대가로 불리는 다니엘 핑크는 프리에이전트와 1인기업을 동일시했고, 미국 재무부는 개인기업이나 독립적인 계약 대상자로서 비즈니스를 수행하고 있는 주체 모두를 1인기업이라 정의하기도 했다. 오히려 이런 정의가 1인기업의 실체에 더 가까울 듯하다. 다시 말해 첫 번째 정의는 정부 기준의 지원 혜택과 관련해서는 의미가 있을 수 있으나 1인기업의 정체성을 모두 담았다고 보기엔 무리가 있다.

창업 비용 2만 원, 1인기업으로 살아남기

두 번째는 흔히 1인기업에 대해 기업가 정신이나 전문성의 특화 혹은 시장의 창출 등을 핵심적인 분류로 삼은 후 정의하는 방식이다. 한 예로 홍순성의 저서 『나는 1인 기업가다』에는 단지 일을 의뢰받아서 하는 사람을 프리랜서로, 전문 서비스를 제공해 시장을 창출하는 사람을 1인기업으로 봐야 한다는 주장이 나온다. 이에 더해 좀 더 광의의 해석으로 "개인의 전문성을 중심으로 네트워크를 형성하며 시장과 가치를 창출하는 직업"으로 정의 내리기도 한다. 상당 부분 동의하는 바지만, 개인적으로는 프리랜서와 1인기업의 구분 자체가 무의미해 보이는 경우가 많다고 생각한다. 현실적으로 일을 의뢰받아서 하는 경우를 제외한다면 이때도 1인기업의 범주는 지나치게 좁아진다.

어쩌면 1인기업의 정의는 당사자가 자신을 어떻게 바라보는가에 달린 문제일 수도 있다. 누군가가 자신을 그저 먹고사는 자영업자로 스스로 규정하면 그런 것이고, 좀 더 나아가 스스로 어떤 가치를 만들고 전문 영역을 구축하는 1인기업이라 믿으면 1인기업이라고 할 수 있을 것이다. 다만 이 부분은 형태적인 측면보다는 마인드적인 측면이 우선이므로 이다음에 나올 '시장가치를 높이는 1인기업의 마인드'에서 더 자세히 다루고자 한다.

1인기업을 구별할 때 먼저 어떤 한계를 그어버리는 것은 우리 주변에 퍼져 있는 1인기업의 실체를 밝히기엔 너무 한정적이다. 그렇기에 일단 프리랜서를 포함해 자신만의 시장가치를 높일 수 있는 전문성과 1인기업 마인드를 가진 1인기업을 대상으로 좀 더 폭넓게 분류해 이야기를 풀어가고자 한다.

내가 사는 아파트 인근에는 거의 70대를 바라보는 듯한 할머니가 한때 호떡집을 운영했었다. 그 호떡집은 작은 포장마차였는데도 주변 호떡집과 차별되는 맛과 식감으로 큰 인기를 얻어 늘 문전성시를 이루곤 했다. 정말 '호떡집에 불났다'는 표현이 어울리는 곳이었다. 그 인기를 등에 업고 할머니는 몇 번이나 주변에 큰 권리금을 대가로 장사 기술을 전수하며 호떡집을 넘겼다. 그리고 또 몇 번이나 불사신처럼 다시 창업해 손님을 끌어모으기도 했다. 마음만 먹으면 창업해 손님을 끌어모을 수 있는 그 능력은 일견 사소해 보이지만, 1인기업의 중요한 요인인 전문성을 가지고 있기에 가능한 결과로 볼 수 있다. 이렇듯 시장에서 자신의 가치를 높이는 전문성과 경영자가 기본적으로 가지고 있는 자기주도성이 결합된다면 어떠한 형태든 기업으로서의 속성을 인정하는 것이 옳다고 본다.

물론 이렇게 분류하면 1인기업의 범위는 꽤 넓어져 웬만하면 1인기업으로 분류될 수도 있다. 하지만 어쩌면 그렇게 흔하게 널린 1인기업들이야말로 우리 주변의 실체가 아닐까? 조직의 구성원들 못지않게 세상에 널리 퍼져 이제 우리와 떼려야 뗄 수 없어진 존재들 말이다.

시장에서 자신의 가치를 높이는 전문성과
경영자가 기본적으로 가지고 있는
자기주도성이 결합된다면 어떠한 형태든
기업으로서의 속성을 인정하는 것이 옳다고 본다.

시장가치를 높이는
1인기업의 마인드

형태로서의 1인기업은 앞에서 언급한 것처럼 혼자나 소수 형태로 일하는 전문성을 가진 다양한 직업을 포함한다고 봐도 무방하다. 그럼에도 불구하고 좀 더 선별적이고 가치 있는 1인기업의 모델을 정의하고자 한다면 '1인기업의 마인드'를 1인기업의 필수 소프트웨어로 삼아 이야기하고 싶다. 이러한 의견은 종종 '기업가 정신'의 존재 여부로 논의되기도 한다. 기업가 정신에 대해서는 워낙 다양한 해석이 가능하고, 실제 일을 하는 사람은 어떤 식으로든 자신만의 기업가 정신을 가지고 있는 경우가 많으므로 일률적으로 지정할 수는 없다. 여기서는 가치 있는 1인기업 모델을 선별하려는 의도 자체에 초점을 맞추어 1인기업의 마인드적 특성을 살펴보고자 한다. 1인기업 마인드는 무엇일까? 앞의 분류에서는 1인기업의 범주를 최대한 넓게 잡았지만, 좀 더 발전된 형태의 1인기업은 조직의 내외를 막론하고 다음과 같은 지향성을 가지는 사람들이라고 본다.

1인기업이 지향해야 할 네 가지

첫 번째는 '전문성'의 지향이다. 대부분의 1인기업들은 본능적으로 자신의 분야에서 실력을 갈구한다. 1인기업으로 살아남는 것은 자신이 해당 분야의 전문가임을 증명할 수 있는가에 달려 있기 때문이다. 그러다 보니 끝없이 공부하고 지속적으로 역량의 성장을 추구하는 경우가 많다. 게다가 1인기업의 영역에서 지식이 노후화되는 속도는 믿을 수 없을 만큼 빠르다. 지속적으로 똑같은 패턴이 반복된다면 일을 주는 사람들은 그의 전문성을 의심하곤 한다. 그래서 지적인 변화와 업그레이드는 1인기업의 필수적인 과제가 된다. 평생교육의 시대에 가장 어울리는 형태는 1인기업이 아닐까 싶다.

두 번째는 본능적이다 싶을 만큼 업무에서 '자율성'을 추구한다. 긍정적인 측면에서 보면 자율성은 대개 창의적인 결과로 이어진다. 그래서 1인기업은 업무 방식에 있어 아티스트적인 면모도 가지고 있다. 그런 사람들에 대해 가장 경의를 담은 표현 중 하나가 '장인(匠人)'이 아니겠는가. 하지만 모든 것이 조직화되고 철저하게 관리되는 과정에서는 창의적인 결과물을 만들기 쉽지 않다. 도리어 그 자율성은 조직 내부에서 부적응으로 낙인찍힐 수도 있다. 어떤 면에선 '창조적 부적응'이란 말이 이처럼 어울릴 수 없다. 1인기업가 중에는 "나는 조직생활이 맞지 않는다."라고 말하는 사람들이 많다. '조직과 어울리지 못한다'는 의미보다는 '조직 속에서 제한되는 자율성에 힘들어한다'는 접근이 어울릴 것이다. 이는 곧 자신의 자율성이 침해될 때 곧잘 의욕을 잃을 수 있다는 의미다.

세 번째는 자율성을 기반으로 하지만 자신이 한 일의 성과에 대해서는 오롯이 책임을 지는 '일에 대한 책임의식'이다. 누군가 일에 손을 댔으면 결과는 당연히 그 사람의 것으로 남는다. 여러 사람이 얽혀 있는 조직에서는 간혹 예외가 있을 수 있으나, 1인기업으로서 개인이 참여한 프로젝트는 대개 공과(功過)가 명확하다. 성과가 나빴다면 좋은 평가에 대한 기대를 품지 않을뿐더러, 책임을 피하지 않아야 한다. 이런 책임에서 회피한다면 1인기업의 마인드를 가졌다고 보기 어렵다.

마지막으로 '계약 기반 마인드'다. 세상은 이제 거의 계약에 근거해 움직이고 있다. 어떤 것도 영원한 안락을 보장하지 못하니,

1인기업 입장에서 기대야 할 것은 상대 기업의 온정이 아니라 자신의 역량뿐이라고 믿는다. 이는 자신이 만든 성과가 다음의 계약으로 이어짐을 뼛속 깊이 알고 있다는 것이다. 그래서 1인기업은 고객의 필요에 민감하다. 어떤 행위가 고객에게 도움이 되는지 알고자 하며, 자신의 역할을 더 효과적으로 만들기 위해 노력한다. 받은 돈 이상으로 당초의 기대치를 넘어 고객에게 기여해야 그다음 기회가 생기고, 충성고객이 되어준다는 것을 잘 알고 있다.

조직 속의 1인기업가 마인드

일반적으로 1인기업은 이미 독립한 사람을 전제로 한다. 그러나 우리 시대에는 분명 조직에 속한 직장인인데도 간혹 이러한 1인기업의 마인드를 가지고 있는 사람을 볼 수 있다. 그렇다면 설사 현재 조직 내에서 일하는 사람이라고 해도, 내부적으로는 1인기업에 특화된 사람이라 봐야 한다. 이런 관점에서 보면 1인기업은 '나중에' 만들어지는 것이 아니다. 자신이 일하고 있는 그곳에서 1인기업의 마인드로 일하고 있다면 이미 1인기업의 길을 걷고 있는 것이고, 그러지 못하다면 1인기업으로 세상에 나오기는 거의 힘들다고 볼 수 있다.

태도는 나의 과거를 보여주는 도서관, 나의 현재를 말해주는 대변인, 나의 미래를 말해주는 예언자. 인생이 우리를 대하는 태도는 내가 인생을 대하는 태도에 달려 있다.

목사이자 리더십 전문가인 존 맥스웰이 한 말이다. 직장에서의 태도만 보아도 성공 가능성을 가늠할 수 있음을 잘 설명해주는 금언(金言)이다. 결국 태도란 개인이 가진 마인드가 겉으로 드러난 것일 뿐이지만, 그 덕분에 우리는 누군가의 현재 태도를 통해 그의 마인드와 1인기업으로서의 성공 가능성까지 알아볼 수 있는 셈이다.

우리의 경력은 항상 지금 이 순간 결정된다. 지금 받는 평가들이 점차 누적되어 쌓이면 경력이 되기 때문이다. 지금 못하면서 '다음에 무엇 무엇이 되면 잘할 것'이라는 사람에게는 누구도 기대하지 않는다. 직장에서 새는 바가지가 밖으로 나온다고 안 샌다는 보장을 누가 할 수 있을까. 직장을 나와 1인기업가가 되고 싶은가? 그럼 지금 그 자리에서 어떤 마인드와 태도로 일하고 있는지 스스로를 돌아봐야 한다. 독립할 수 있는 사람과 그렇지 않은 사람은 어디에 있어도 구분이 된다. 당신은 어떤 사람인가?

1인기업에 대한
세 가지 오해

 1인기업으로서 일하다 보면, 1인기업이라는 개념 자체가 사람들에게 오해를 많이 불러일으킨다는 생각이 들 때가 있다. 어떤 이는 1인기업을 아주 부정적으로 바라보기도 했고, 또 어떤 이는 1인기업을 지나치게 낭만적으로 바라보기도 했다. 어떤 방향이건 이런 오해들은 불편하다. 워낙 작은 규모인 데다 각자 자신만의 방식으로 운영하고 있어 종사자가 아니라면 알기 힘든 형태이니 그럴 수도 있겠지만, 1인기업을 시작하려는 사람들을 위해 몇 가지 오해를 한 번쯤 되짚어볼 필요가 있을 것 같다.

오해 하나, "1인기업은 돈을 못 번다?"

한 지인에게서 이런 질문을 직접 들은 적이 있다. 도대체 그 사람이 말한 소득의 규모가 어느 정도인지 모르겠으나 일반적으로 생활 가능한 정도를 묻는다면 이 생각은 오해다.

나는 1인기업으로 자신의 생계를 이어가는 사람들을 꽤 많이 알고 있다. 물론 빛 좋은 개살구처럼 겉은 화려해 보이나 별 실속이 없는 경우도 있다. 그러나 자신만의 영역을 개척하며 먹고사는 문제를 훌륭히 해결해나가는 사람들이 많아지는 추세다. 그 기준이 꼭 억대 연봉이어야 한다면 할 말은 없지만, 과연 억대 연봉이 '돈을 버는 유일한 기준'이 될 수 있을까? 그 부분에는 동의하기 어렵다. (아, 그럼에도 불구하고 억대 연봉을 버는 1인기업도 다수 알고 있기는 하다.)

어쩌면 이런 생각을 하는 이면에는 '조직에 들어가지 못한 사람들이 1인기업을 한다'는 편견이 존재할지도 모른다. 하지만 개별적으로 보면 조직생활에 맞지 않다고 반드시 무능력할 것이라는 단정은 곤란하다. 조직 속에서 일할 충분한 역량이 있음에도 자신만의 일을 찾아 시작하는 사람들이 점점 늘어나고 있다. 늘 그렇듯이 오해는 '한 방향으로만 균일하게 보려는 태도'에서 나온다. 앞에서도 말했지만 1인기업은 이제 삶의 한 부분이고 사람들이 선택할 수 있는 직업의 한 형태일 뿐이다.

창업 비용 2만 원, 1인기업으로 살아남기

오해 둘, "1인기업은 시간이 많다?"

좀 긍정적인 오해지만, 이것 역시 꼭 맞는 말은 아니다. 사실 시간적 여유가 생길 거라는 기대로 1인기업을 시작하는 사람들이 꽤 있다. 나 역시 일을 시작하기 전에는 비슷한 믿음을 갖고 있었다. 그러나 제대로 일하는 1인기업이라면 반대로 시간에 쫓기는 경우가 자주 생긴다. 좀 슬픈 일이긴 하지만, 일의 많고 적음을 떠나 해야 할 일이 있으면 신경이 날카로워지는 '상시적인 습관성 긴장' 상태에 머물기도 한다. 1인기업의 일은 실제 일의 진행 여부를 떠나 '하려고 들면 끝이 없는 준비의 과정'을 동반한다. 그래서 적절한 시간 관리는 모든 1인기업이 안고 있는 공통의 과제가 된다.

시간이 많을 것이라는 오해는 아마도 언제든 일을 거절하고 자유롭게 시간을 쓸 수 있을 것이라는 전제에서 비롯된 것 같다. 물론 돈을 포기한다면 일을 거절할 수 있다. 하지만 돈의 문제에 얽매이지 않더라도 1인기업은 일을 함부로 거절할 수 있는 위치가 아니다. 한 번의 거절로 그 업체와의 지속적인 단절이 야기될 수도 있기 때문이다.

1인기업을 하면서 개인적으로도 가장 스트레스를 받는 것 중의 하나가 시간 관리다. 눈앞에 좋은 일거리가 들어와도 일정이 안 맞으면 결국 '남의 일'이 되어버리기 때문이다. 만약 오랜 시간 한번 해보고 싶었던 곳에서 강의 요청이 왔다고 상상해보자. 그런데 때마침 지인의 부탁으로 별로 내키지 않았지만 약속을 잡아놓은 강의가 있어 그 요청을 받지 못한다면 어떨까? 일하다 보면 이와 유사한 상황이 자주 생긴다. 좀 더 경력이 오래될수록 시간 활용에는 능숙해질 수 있으나, 1인기업은 필연적으로 이런 부담을 안고 갈 수밖에 없는 존재다.

다시 한번 말하지만 1인기업은 시간이 많은 게 아니다. 조절 혹은 거절이란 기술을 활용할 수 있는 1인기업은 생각만큼 많지 않다. 조금 다르게 보면 직장이란 개념이 하나의 회사에서 내가 일하는 사업 분야 전체로 확대된 것인데, 그만큼 더 시간에 쫓기는 것은 당연하지 않을까?

오해 셋, "1인기업은 혼자 일한다?"

언뜻 생각하면 그렇게 보일 수 있다. 1인기업이란 표현부터 오해하기 쉬운 요소가 있으니 말이다. 그러나 1인기업이라고 혼자서만 일한다고 여기는 것은 잘못된 생각이다. 일을 해보면 누구나 느끼게 되지만 혼자서는 제대로 된 업무를 해내기가 어렵다. 혼자서는 기껏해야 단발로 그치는 작은 일거리 정도만 수행할 뿐이다. 나는 교육을 맡으면 수많은 프로젝트를 통해 여러 가지

인연으로 얽힌 팀과 함께 들어가는 경우가 많다. 실은 이런 네트워크가 제대로 된 일거리의 기둥이 되어주곤 한다.

1인기업의 생태환경을 보면 평소에는 혼자서 일한다. 그러나 큰 프로젝트가 잡히면 자신의 네트워크에 있는 선수들을 소집해 함께 들어가게 된다. 이런 식으로 각자의 필요에 따라 흩어졌다가 모이기를 반복한다. 야생의 늑대처럼 혼자 고독하게 일하는 1인기업은 거의 없다고 봐도 좋다. 설사 그런 사람이 있다고 해도 끝까지 살아남기 어렵다. 요즘처럼 IT 기술이 발달한 4차 산업혁명 시대에도 '개방, 공유, 참여'는 중요한 키워드일 수밖에 없다. 독불장군은 스스로의 역량을 제한하는 것이나 마찬가지다. 1인기업은 끝없이 단독행동과 집단행동을 반복하며 상황에 따라 대응하는 카멜레온 같은 존재라는 표현이 더 알맞을 것이다.

1인기업은 끝없이 단독행동과 집단행동을 반복하며
상황에 따라 대응하는 카멜레온 같은
존재라는 표현이 더 알맞다.

요즘 1인기업은
어떻게 활동하는가?

과거의 1인기업들은 자신들이 가지고 있는, 세상을 납득시킬 만한 훌륭한 스펙과 특출난 성과로 이름을 알렸었다. 하지만 최근의 1인기업들은 시대적 가치의 다양성만큼이나 다채롭게 활동하는 경향을 보인다.

개인적으로 그러한 다양성을 바탕으로 하는 1인기업의 새로운 생태계가 무척 반갑다. 아주 잘난 소수의 사람들만이 1인기업을 할 수 있다면 이 책을 쓰지도 않았을 것이다. 최근 1인기업들은 공통적으로 눈에 띄는 몇 가지 특징들을 가지고 있다. 여기서는 개괄적이나마 그 특징적인 현상을 언급하고자 한다.

인터넷 기술의 적극적인 활용

혼자 일한다는 것은 예전부터 어쩔 수 없는 한계를 가지는 작업이었다. 그래서 1인기업은 활동하기 어려웠고, 상식적으로 한번에 알 만한 경력이 있는 게 아니라면 시장을 납득시키기도 힘들었다. 그러한 제약은 인터넷의 시대와 함께 빠르게 허물어지고 있다. 개인도 인터넷을 활용해 자신의 가치와 역량을 얼마든지 홍보할 수 있는 시대가 된 것이다. 이제 SNS를 활용하지 않는 1인기업은 생각조차 할 수 없는 시대가 되었다. 이는 달리 말해 SNS를 활용하지 않는 1인기업은 이미 대부분 도태되었을 가능성이 크다는 의미다. 인터넷의 확장성, 수시로 어디서든 일할 수 있게 하는 기술은 이제 1인기업에 필수다.

얼마 전에 몸이 안 좋아 병원에 입원한 적이 있었다. 그러나 내 옆에는 노트북이 놓여 있었고 손에는 핸드폰이 쥐어져 있었다. 사실상 일을 처리하는 데는 '직접 사람들 앞에서 해야 하는 강의' 외엔 불편함을 느낄 것이 별로 없었다. 연락은 카카오톡으로도 충분했고, 자료는 클라우드에서 내려받아 보내면 되었다. 병원이든 해외든 1인기업은 이미 공간적 제약에서 많이 벗어나 있음을 실감했다.

홍보 역시 마찬가지다. 내 일과 관련해 특정한 키워드를 인터넷에 입력하면 내 블로그가 먼저 뜬다. 돈 한 푼 들이지 않고도 이런 결과를 얻을 수 있는 방법이 없었다면 어떻게 나 같은 사람이 홍보할 엄두를 냈을까? 때로 내가 쓴 글이 다른 사이트에 올라가 나도 모르는 사이 나를 홍보하고 있는 것을 보면 무서울 정도인 인터넷의 영향력을 실감하게 된다.

능동적 협업

다수의 1인기업들을 인터뷰하다 보니, 자신만의 경쟁력으로 승부를 거는 사람들조차도 다른 이들의 도움 없이 독불장군처럼 일하는 경우는 거의 없다는 걸 알게 되었다. 1인기업이 가지는 한계는 여전히 분명하다. 물론 일레인 포펠트의 저서 『나는 직원 없이도 10억 번다』에 나오는 것처럼 상당한 수익을 올리는 1인기업의 수가 해마다 늘어나고 있다지만, 아직 한국의 현실에서 1인기업은 수입을 포함해 여러 가지 형태의 어려움이 있을 수밖에 없다. 그러나 그 한계를 보기 좋게 벗어날 수 있는 방법들이 있으니, 그중에 제일 핵심은 '협업'이다.

예를 들어보자. A가 1년에 100개의 일을 따는 것이 한계치라고 했을 때, 그것을 혼자서 해결한다면 자신의 수준에서 기껏해야 조금씩 올라가는 정도만 성장할 것이다. 그러나 그가 받은 일 중에는 혼자서 처리하기 힘든 일이 분명히 있을 것이고, 이런 일을 팀을 모아 함께 처리한다면 다른 1인기업들에게 일종의 사회적 신뢰를 쌓게 된다. 다른 1인기업 B가 있다면 그는 일이 없을 때 일을 나눠준 A의 도움을 기억할 것이다. 그 역시 1년에 100개의 일이 있다면 팀이 필요할 때가 있을 것이고, 그때 A는 B와 함께할 1순위 대상이 된다. 이런 식의 확장이 이어지면 일단 수입도 늘어날 것이지만, 그들이 맡을 수 있는 일의 범위도 개인이라는 한계를 넘어 확대될 수 있다.

가끔 자신이 가진 작은 것에 얽매여 다른 사람을 경계하는 이를 보게 된다. 그럴 때 그가 친 벽 속의 작은 면적이 먼저 눈에 들어온다. 그 속에는 딱 한 사람의 몫밖엔 없다. 당연히 성장은 먼 나라 이야기가 된다.

수입 경로의 다변화

지식 기반 1인기업의 경우 수입의 경로가 다양하다는 특성을 가진다. 특히 최근에는 자신이 가지고 있는 지식을 바탕으로 강의는 물론이고 컨설팅과 글쓰기를 겸하는 것이 기본이 되었다. 거기에 프로젝트를 기획하기도 하고, 기관의 자문을 맡거나 위원회에 참여하는 역할을 맡기도 한다.

일의 경로는 최근 점점 분화되고 있다. 강의를 예로 들면, 일반적으로 사람들 앞에서 직접 하는 대중 강의가 있고, 인터넷 동영상 강의도 있다. 유튜브 역시 수익 수단으로서 발달해나가고 있다. 글쓰기는 또 어떤가? 한때는 블로그만으로도 충분한 수입을 올릴 수 있었다. 지금은 유튜브로 대중의 시선이 옮겨지면서 좀 덜하지만, 한때 파워블로거들이 블로그를 통해 1년에 얼마를 벌었는지 '통장을 까서' 사람을 모으기도 했다. 지금은 유튜브에서 이런 일이 일어나고 있다. 매체에 원고를 기고하거나, 책을 쓰기도 하는데 이젠 전자책이라는 영역까지 생겼다. 얼마 전에는 직업 관련 영상물을 제작하기 위한 원고를 작성해주고 돈을 받아본 경험도 있다. 이렇게 세분화되는 수입 경로를 보자면, 이제까지 없던 방식이 또 나오는 것은 시간 문제일 것이다. 핵심은 그런 영역들이 생겨서 처음 누군가에게 그 일을 맡겨야 할 때 당신을 떠올릴 수 있도록 만들어야 한다는 것이다.

유튜브 채널 '유튜브랩'
강민형 대표

누적 구독자 수 10만 명을 넘는 인기 유튜브 채널의 공동대표 ─────────
유튜브의 확산에 힘입어 유튜브 활용과 성장에 대한 콘텐츠를 온라인에서 다루고, 오프라인에서도 강의와 컨설팅을 병행하고 있다.

Q 어떤 일을 하시는지 간단히 설명 부탁드립니다.

A 유튜브 크리에이터에 도전하고 싶은 분들이나 유튜버로 활동 중이지만 더욱 성장하고 싶으신 분들에게 기획, 촬영, 편집, 인터페이스 사용 방법 등을 알려드리는 유튜브 전문 교육 채널 '유튜브랩'을 운영 중입니다. 유튜브 채널에 교육 영상을 올리는 것은 물론, 오프라인에서도 관련 강의와 강연, 기업의 자문을 병행하고 있어요. 유튜브와 밀접한 연관을 맺는 콘텐츠는 영상이지요. 그래서 제가 하는 일에는 '영상 제작'도 있습니다. 그 외에도 동기부여 강의를 진행 중이기도 해요.

Q 유튜브랩을 시작한 지 얼마나 되었나요?

A 2017년 4월부터니까 3년이 조금 넘었어요.

Q 왜 1인기업 창업을 결심하게 되었나요?

A 저는 책을 읽고 강연을 듣는 것이 행복한 사람입니다. 그런데 회사에 다니면서는 이 행복을 유지하기가 쉽지 않더라고요. 내공이 쌓인다기보다는 제 자신이 소모된다는 기분이 들기 시작하자 불안감이 엄습해왔어요. 계속 성장하며 돈을 벌 수 있는 방법을 모색하다가 1인기업이 답이라고 생각해 창업하게 되었습니다.

Q 창업 준비에 어느 정도의 시간과 노력이 들었나요?

A 창업 자체만을 보면 창업 교육 과정을 들었던 기간을 포함해 약 5개월 정도의 시간이 들었습니다. SNS 전문가 과정과 리더 과정을 수료했죠. 하지만 제가 창업한 온라인 마케팅 영역을 놓고 본다면 실제로 이와 관련된 준비 시간은 그보다 좀 더 길었다고 할 수 있어요. 2011년부터 블로그를 운영해왔고 그 경험을 인정받아 온라인 광고대행사에서 근무했었습니다. 뿐만 아니라 20여 개의 대외활동을 통해 쌓은 각종 SNS 경험이 창업에 도움을 줬기 때문에. 그동안의 경험은 모두 창업 준비라고 볼 수도 있죠. 그렇다면 5년 정도의 시간이 들었다고 볼 수 있을 것 같아요.

Q 일을 시작할 때 배우자의 수입이나 일을 줄 만한 업체 등 기댈 곳
  이 있었나요?

A 직장생활을 하는 동안 모아두었던 돈을 밑천 삼아 생활비를 충당하며
  시작했습니다. 스스로에게 기댄 상태에서 시작한 셈이지요.

Q 창업 후 얼마 만에 안정적인 수입이 생기기 시작했나요?

A 2년 후부터 안정적인 수입이 생기기 시작했습니다.

Q 1인기업이 궤도에 올라설 수 있었던 결정적 원인이 있을까요?

A 좋은 분들과의 만남. 이게 결정적 원인이었다고 생각합니다. 함께 성장
  하고자 하는 열린 마음을 지니신 분들, 열심히 하는 모습을 예쁘게 봐주
  시는 분들을 만난 것에 대해 대단히 감사하고 있습니다. 혼자 시작했지
  만, 지금은 결정할 때 함께 머리를 맞댈 분들이 계셔서 큰 도움을 받고
  있습니다. 유튜브랩 채널의 구독자와 시청자분들도 이야기하지 않을 수
  가 없는데요. 유튜브랩의 콘텐츠에 반응해주시고 응원해주시는 구독자
  분들 덕에 강의와 강연 요청도 늘었습니다.

Q 구독자 수가 10만이 넘는데, 빨리 자리 잡은 것 아닌가요?

A 그런 것 같아요. 원래 처음에는 부산 쪽에서 시작했는데, 이제는 부산과
  서울을 포함해 전국에서 활동합니다.

Q 강의는 연간 얼마나 하시나요?

A 저 개인을 포함해 유튜브랩의 이름으로 연간 300회 이상은 기본으로 하는 것 같아요.

Q 1인기업을 운영하며 얻은 것과 잃은 것은 무엇인가요?

A 꼬박꼬박 들어오는 월급의 안정성을 잃었습니다. 하지만 그 점을 제외하면 얻은 것이 더욱 많아요. 시간을 자유롭게 쓸 수 있어서 책을 읽을 수 있는 시간과 다른 분야의 강연을 들을 수 있는 시간이 생긴 게 가장 큰 장점입니다. 전국을 돌면서 다양한 수강생들과 만날 수 있는 것도 또 다른 이점이죠. 1인기업을 하면서 책을 쓸 수 있는 기회가 생긴 것도 얻은 것이죠. 유튜브 활동을 위한 전자책을 2권 썼거든요.

Q 동업으로 유튜브랩을 운영하시는 것 같던데 어렵지는 않나요?

A 동업하시는 분들이 어려움을 많이 겪습니다. 저희도 초기에 혼란이 있었지만 계약서 등으로 역할을 명확하게 분담했습니다. 그랬더니 현재 일할 때는 장점이 훨씬 많아요.

Q 가장 힘들었던 에피소드가 있나요?

A 머리카락이 한 움큼씩 빠질 만큼 힘들었던 기억이 있어요. 창업을 준비하시는 분들이라면 주위에서 한 번쯤 들어봤을 이야기가 아닌가 싶은데, 믿었던 사람이 말을 바꾸는 경우가 가장 힘들었어요. 일을 모두 진

행했는데 받아야 할 돈 10개월 치를 계속 미루다가 안 주려고 하던 분이 계셨거든요. 돈도 돈이지만 저를 알고 있는 다른 사람들에게 없는 이야기를 만들어서 돈을 안 주려는 이유를 대고 다녔어요. 돈도 못 받고 사람들에게서 신뢰도 잃는 것 같아서 참 속상했지만 결국은 진실이 이기더라고요. 그래서 지금은 웃으면서 이야기할 수 있게 되었죠.

Q 자기 관리는 어떻게 하시나요?

A 저는 다이어리만 4개를 써요. 강의용, 공부용, 개인용, 교재개발용으로 나눠서요. 그리고 이동 중에 짬짬이 책을 많이 보는 편이에요. 최근에는 전자책도 많이 보고 있어요. 전자책 구입 전에는 책값으로만 월 100만 원 정도씩 지출하기도 했어요.

Q 일상에서 스트레스나 피로를 극복하는 재충전 노하우가 있나요?

A 주로 책을 읽습니다. 아무래도 유튜브 교육을 하다 보니 유튜브 콘텐츠를 즐긴다기보다는 분석하게 되더라고요. 그래서 오히려 책을 읽으면 눈도 덜 피로하고 맘도 편해졌습니다. 그리고 또 다른 피로 극복 방법은 취미로 캘리그라피를 하고 있어요. 마음을 다잡을 수 있는 명언이나 성경 구절을 집중해서 쓰고 나면 확실히 재충전이 돼요.

Q 일이 없는 날엔 주로 어떤 활동을 하나요?

A 일이 없는 날에는 유튜브랩 채널에 올릴 영상을 준비하고 촬영해요. 그

리고 교안을 업그레이드하거나, 유튜브랩을 같이 운영 중인 박현우 공동대표와 유튜브 채널에 대해 각자 분석한 내용을 공유합니다. 토론을 하면 좀 더 객관적인 분석이 가능하니까요. 지금은 한참 성장하는 중이라 일이 없는 날에는 일을 만들어서 하고 있어요.

Q 자신만의 1인기업 운영원칙이 있나요?

A 첫 번째는 '관련 분야뿐 아니라 다른 분야에도 끊임없이 관심을 가진다' 는 거예요. 유튜브 교육에서 중요한 것은 창작 활동인데, 이걸 위해서는 늘 새로운 관점을 가져야 합니다. 그러기 위해서는 끊임없이 공부해야 하기 때문에 첫 번째 운영원칙으로 세우고 있습니다. 두 번째는 '일을 진행할 때는 무조건 계약서를 작성한다'는 것입니다. 뼈아픈 경험을 통해 배운 교훈이에요. 세 번째는 '거절을 두려워하지 않는다'는 것인데, 다른 사람에게 거절당할 두려움과 내가 거절했을 때 다른 사람이 나를 싫어하게 될지도 모른다는 두려움을 갖지 않는 것이 1인기업을 운영할 때 판단에 도움을 주기 때문이지요. 이 세 가지 운영원칙을 늘 유념하려고 노력합니다.

Q 전망 있는 1인기업 분야는 뭐라고 생각하세요?

A 정말 많은 분야가 있겠지만 개인적으로 전망 있는 1인기업 분야라고 한다면 '드론' 쪽이 아닐까 합니다. 유튜브와 영상은 뗄 수 없는 분야라 영상 공부를 하면서 드론을 접했는데요. 알면 알수록 드론의 활용 범위가

넓습니다. 1인기업이라면 드론 교육, 드론 비행을 통한 정찰·감시·촬영·운반 등 다양한 분야의 진출도 가능할 것이라 생각합니다. 특히나 우리나라에서 드론을 비행할 수 있는 장소가 제한적이고 드론의 무게가 늘어날수록 비행 조건이 까다로워지기 때문에 배우기 쉽지 않죠. 그렇기에 앞장서서 드론 기술을 제대로만 익혀둔다면 큰 경쟁력이 될 것이라고 생각해요.

Q 지금 일과 관련해 어떤 미래를 꿈꾸고 있나요?

A 이제는 사진과 글만큼이나 영상을 통해 자신을 표현하는 일이 자연스러워진 시대예요. 글쓰기가 학교 교육의 기본이 되는 것처럼, 앞으로는 영상 교육이 미래 세대를 위한 기본적인 교육이 될 것이라 생각합니다. 누구나 영상을 통해 자신의 생각을 표현하고 서로 소통하는 날이 머지않을 것이기 때문이죠. 그에 필요한 미디어 리터러시(media literacy, 다양한 매체를 활용하는 능력)를 키우는 교육의 1인자로 서고 싶어요.

Q 요즘 유튜브 진입자가 정말 폭발적으로 늘고 있는데, 앞서가는 사람으로서 어떻게 경쟁력을 유지해야 할까요? 그리고 새로 진입하는 사람은 어떻게 해야 할까요?

A 저희는 아직 유튜브 기득권층이라고 보긴 어려워요. 이미 앞서간 사람들은 2011~2013년 무렵에 아프리카TV 같은 다른 플랫폼에서 활동하다 유튜브로 옮겨온 분들이고요.

다만 저희에게 선점의 효과가 느껴진다면 아마도 교육 콘텐츠 쪽으로 방향을 잡아서 그렇게 보일 수 있을 것 같아요. 초창기에 콘텐츠 영역을 다양한 SNS 툴 전체로 넓히자는 의견도 있었지만, 유튜브로 한정해 방향을 특화한 것이 크게 도움이 된 셈이에요. 앞으로 유튜브는 점점 더 다양하게, TV 프로그램처럼 세분화될 것이라고 봐요. 예능만이 아니라 다른 것들도 많이 필요하다는 말이지요. 워낙 대중의 취향이 세분화되고 다양해지고 있으니까요. 만약 유튜브 신규 진입자라면 이런 것들을 이용해 틈새를 찾는 자신만의 전략이 필요할 것 같아요.

Q 중장년도 유튜브는 꼭 해야 하는 걸까요?

A 중장년도 단연코 해야 합니다. 사실 중장년은 20~30대에 비해 자신이 가진 내공이 있잖아요. 특히 저는 어떤 분야의 전문가라면 유튜브를 해야 한다고 봅니다. 이런 내용을 필요로 하는 사람들이 있으니까요. 유튜브를 가장 많이 보는 건 10대지만, 사실 그다음은 50대예요. 경우에 따라서는 자녀들의 도움을 받는 과정에서 자녀와의 관계도 개선할 수 있습니다.

Q 1인기업으로 살아남기에 가장 힘든 난관은 무엇이고, 그 어려움을 어떻게 극복할 수 있을까요?

A 가장 힘든 난관은 시간 관리와 균형을 유지하는 것입니다. 건강 관리, 세금 관리, 커리어 관리 등을 오롯이 본인이 책임져야 하는데, 이것들의

균형을 유지하는 것은 생각보다 어렵습니다. 결국 시간 관리를 위해 수면 시간을 줄이는 경우가 많죠. 대체로 1인기업을 운영하시는 분들은 모든 일을 혼자 완벽히 하려는 부분이 있어요. 다른 이에게 맡겨도 되는 일은 맡기면서 시간을 확보하고 관리의 균형을 잘 잡는 것이 이 어려움을 극복하는 가장 좋은 방법이라 생각해요.

Q 같은 분야의 신규 진입 희망자에게 해주고 싶은 말이 있나요?

A 유튜브에 대해 강의하시는 분들이 늘어나야 한다고 생각해요. 좁게 보면 우리의 콘텐츠 시장을 같이 키우기 위한 것이고, 넓게 보면 콘텐츠 사업은 물적 자원이 부족한 우리나라의 미래라고 여기기 때문인데요. 현재 유튜브 교육 분야에서는 자신의 경험에만 의존한 강의와 다른 강의에 의존한 강의가 많이 이뤄지고 있어요. 그래서 사실이 아닌 정보가 많이 떠돌고 있습니다. 유튜브 교육 분야로 진입하기 원하신다면 정보를 철저히 검증하고 다양한 사례를 연구하시기를 추천합니다. 그래야 오래 버틸 수 있으니까요.

유튜브 수업을 하시는 분들이 제 교안을 가지고 강연을 하시는 경우가 제법 많습니다. 대부분의 경우 유튜브랩의 구독자분들이 먼저 접하고 메일이나 메신저로 제게 알려주시는데요. 이 말은 강의를 듣는 분들이 이미 그 정보를 알고, 출처를 알고 있다는 뜻입니다. 이렇게 되면 그 강사는 다음에 강의할 기회를 잃게 되는 것이죠. 오래가고 싶다면 스스로의 실력을 쌓는 것 외에는 방법이 없다는 것을 꼭 기억했으면 좋겠어요.

창업 비용 2만 원, 1인기업으로 살아남기

그리고 무엇보다 유튜브를 어렵게 생각하지 않았으면 좋겠습니다. 그러나 만만하게 보지도 말았으면 합니다. 유튜브는 성공 가능성이 무궁무진하지만 그만큼 충실히 준비해야 합니다.

●

수많은 사람이 숱하게 "일일 뿐"이라며 마음을 다잡지만
누구도 일이 '일일 뿐'이길 바라지 않는다. 일을 왜 하느냐고 묻는다면
운 좋은 몇을 빼놓고는 모두 먹고살기 위해서라고 답하겠지만,
그럼에도 일에 그 이상의 의미를 부여하지 않고 살기는 어렵다.

– 제현주, 『내리막 세상에서 일하는 노마드를 위한 안내서』 중에서

Part 3

준비단계:
1인기업을 위한
7단계 질문

나만의 콘텐츠와
콘셉트는 무엇인가?

"1인기업을 시작하려면 뭐가 제일 중요한가요?"라고 질문하는 사람들이 있다. 그럴 때 나는 이렇게 되묻는다. "제일 자신 있는 분야가 뭔가요? 다른 사람보다 더 잘하거나 노력하면 더 나아질 수 있는 것이 있나요?"

사람은 누구나 특별한 능력을 가지고 있다. 정말 아무것도 가지지 않은 사람은 없다. 내가 보기엔 그저 자신이 가진 특별함을 인식하지 못하는 사람만 있을 뿐이다. 그 특별함이 바로 '콘텐츠'다. 그렇다면 어떤 것이 콘텐츠가 될 수 있을까? 여기에는 제한이 없다. 기본적으로 두 가지 조건에만 맞으면 무엇이든 콘텐츠가 될 수 있다. 첫 번째 조건은 자기가 잘 아는 것 혹은 잘하는 것이어야 하고, 두 번째 조건은 시장 그리고 자기 자신이 흥미를 가질 만한 것이어야 한다는 점이다.

어떤 콘텐츠를 활용할 것인가?

시장 변화에 따라 콘텐츠 또한 매우 다양해져 1인기업에게 어떤 콘텐츠가 좋다고 특정하는 것 자체가 무의미할 정도다. '뭐 이런 것도 된다고?' 생각되는 것조차 실현 가능해진 세상이니, 자신이 가진 게 없다고 걱정하지 않으면 좋겠다. 사례를 한번 보자. 한 1인기업가는 디자인을 전공했는데 자신이 좋아하는 그림, 그것도 반려견의 초상화를 그리는 것으로 성과를 내고 있다. 자신의 그림 실력과 반려견에 대한 흥미에 기반한 1인 비즈니스다. 평소 돈 관리에 관심이 많았던 한 지인은 재무팀장이었던 경력에 오랫동안 공부한 인문학과 글쓰기에 대한 관심 등을 묶어 1인기업으로 활동한다.

　나도 마찬가지다. 다양한 직업 경험과 직업상담 경험을 기반으로 사람들의 삶에 접근한다. 사실 콘텐츠를 고민할 것도 거의 없었다. 직업 때문에 오랫동안 방황을 많이 한 터라 내 관심은 예전부터 '사람과 직업'에 꽂혀 있었기 때문이다. 독립하기 5~6년

전, 1인기업에 대한 막연한 생각만 있을 때 만든 블로그의 이름도 이미 '사람과 직업연구소'였다. 그 이름은 결국 내 사업체의 상호가 되었다. 이렇듯 오래도록 관심을 가져왔고, 그것이 자신의 경력과 많이 연관될수록 그 콘텐츠는 이상적인 것이 된다.

　과거에는 시장의 흥미가 대단히 제한적이었다. 그러나 지금은 우리 사회의 가치가 다양화되고 사람들의 관심도 세분화되면서 생각지도 못한 것들이 1인기업의 콘텐츠가 되기도 한다. 예를 들어 종사하려는 1인기업이 제조업이라면 제품을 잘 만드는 자신의 노하우를, 지식기반산업이라면 자신이 잘 알고 다른 이에게 도움이 되는 지식을 콘텐츠로 삼을 수 있다. 유튜버라면 제일 흥미 있고 재미있어하는 분야에서 콘텐츠를 만들 수 있다.

　가끔 콘텐츠가 없다고 고민하는 사람들이 있다. 그러나 이는 콘텐츠가 없는 것이 아니라 자신을 제대로 알지 못하는 무지(無知)에 가깝다고 봐야 한다. 실제로 대부분의 콘텐츠는 일상에 널려 있다. 그중에서 자신이 승부를 걸 만큼 자신 있는 것을 찾으면 된다. 그런 면에서 보면 결국 자신의 경력에 따라 콘텐츠를 정할 수밖에 없다. 그렇지 않다면 콘텐츠 대상은 취미생활 정도가 될 것인데, 자신의 일과 겹치지 않는 분야에서 남들을 설득할 만한 실력을 갖추기란 생각보다 쉽지 않다.

　만약 자신이 강점을 가지지 않은 영역에서 콘텐츠를 처음부터 시작해야 한다면 어떨까? 꽤 많은 고민이 필요한 질문이다.

성인이라면 그 나이가 되도록 한 번도 해보지 않은 것에서 강점을 만들기는 쉽지 않다. 그럼에도 불구하고 그 길로 가야 한다면 정말 지독하게 몰입할 수 있는 콘텐츠가 필요하다. 어느 한 분야의 전문가가 되려면 '1만 시간의 노력'이 필요하다는 말이 있듯이 그만큼 몰입할 수 있어야 전문가가 될 수 있기 때문이다. 흥미를 기준으로 한다면 누구나 좋아하는 것에 대한 어중간한 흥미는 조심해야 한다. 자신의 단순한 흥미를 경쟁력 있는 콘텐츠로 오판했다가는 일은 벌여놓고 수습은 안 되는 상황이 발생할 수도 있다. 예를 들어 영화나 음악은 대부분의 사람들이 좋아하는 것으로 경쟁자 또한 많다. 그러니 웬만큼 노력하지 않고선 성과를 내기 어렵다. 일시적 선호에 가까운 것으로는 평생을 건 사람들과 경쟁할 수 없다.

나만의 콘셉트는 무엇인가?

일단 콘텐츠가 정해졌다면, 그다음에는 이것을 어떻게 포장할 것인가를 고민할 차례다. 다시 말해 시장에서의 콘셉트를 정하는 과정이다. 예를 들어 스마트폰으로 사진을 찍는 노하우에 대한 콘텐츠를 만들었다면 '스마트폰 사진으로 만드는 환상적인 세상' 'DSLR도 울고 갈 스마트폰 사진 찍기' 등으로 콘텐츠를 포장할 수 있다. 이렇게 자신이 추구하는 일종의 슬로건 같은 것이 자신의 콘셉트가 된다.

내 콘셉트의 핵심은 '현장에 강한 중장년 직업전문가'였다. 사실 이 분야의 석박사들은 많지만, 그중에 현장 경험이 풍부한 사람은 드물다. 반면에 현장에서 오래 근무했던 사람들 중에 직업 상담 분야 강사로 활동하는 사람은 생각보다 많지 않았다. 직업 상담의 현장업무 경험이 많은 사람들은 보통 조직에서 성장하는 경로를 밟기 때문에, 나의 경력을 살려 나름 차별화된 콘셉트를 만들 수 있었던 셈이다.

자신의 콘셉트를 정할 때는 대외적으로도 설득력이 있어야 하겠지만, 스스로도 납득할 수 있어야 한다. 콘셉트는 점점 세분화되어가는 추세이기에 구체적이고 명쾌할수록 좋다. 어느 분야의 전문가라 해도 수많은 사람이 전문가로 자리매김한 상태에서 모호하게 전체를 커버하기는 힘들 수 있기 때문이다. 중장년을 대상으로 한(이것도 경우에 따라 연령대를 세분할 수 있다면 더 좋다.) 노후설계 전문가, 원룸 임대 부동산 전문가, 공예품을 활용한 주부 창업 전문가 등 선명한 콘셉트일수록 시장 진입에 훨씬 효과적일 것이다.

여기서 한 가지 유의할 것이 있다. 콘셉트는 시간이 흐르며 바뀔 수 있다는 점이다. 한 가지 콘셉트로 계속 살아남는 것은 요즘같이 변화가 심한 시장에서 기대하기 힘든 일이다. 어떤 모델이 선도하면 늘 그와 유사한 모델들이 많이 나오기에 차별성을 가지려면 또 다른 콘셉트를 만들어가야 할 수도 있다. 예컨대 원룸 부동산 전문가로 시작했어도 이름이 알려지고 나선 중장년 수익부동산 전문가로 확장하는 식이다. 1인기업으로 일하는 한 누구든 이 작업은 계속될 수밖에 없다.

나는 어떤 역량이
강한 사람인가?

　　　　조금 생뚱맞은 질문으로 시작해보자. 역량이란 무엇일까? 역량은 무언가를 해낼 수 있는 힘으로서, 흔히 어떤 분야에서 성공할 수 있게 도와주는 인적 필요 능력이고, 한편으로는 한 분야에서 성공한 사람들이 보이는 특징을 말한다. 예컨대 지식, 기술, 태도 등을 일컫는데, 여기에는 말솜씨, 글솜씨, 손재주, 그림 솜씨, 도구 다루기, 정보 다루기 등 다양한 것이 존재한다. 자신의 역량을 파악하고 잘 아는 콘텐츠와 결합시킨다면 상승효과를 낼 수 있는 기본 능력이 된다. 먼저 역량을 어떻게 나눌 수 있나 살펴보고, 1인기업이 지녀야 할 역량을 알아보자.

1인기업으로 시작하기 전 자신을 파악해 경쟁력을 강화하기 위해 이런 과정은 필수다.

어떤 역량을 가지고 있는지 확인하기

프레디저라는 적성검사가 있다. 자신의 성향 및 적성을 확인하고 그에 맞는 진로와 경력을 탐색하기 위해 사용되는 검사로, 여기서는 인간의 역량을 크게 네 가지 영역으로 구분한다. 자신의 역량을 살펴보기 전에 먼저 이러한 분류를 살펴보고 판단하는 게 적절할 것 같아 잠시 인용을 해본다.

사물, 도구 등의 기술적 활용에 강한 유형

손재주가 뛰어나고 기계나 도구 등을 잘 다루며, 외부활동이나 육체적 활동 등에도 능하다. 우리가 엔지니어라고 부르는 사람이나 현장의 기술자에게서 흔히 볼 수 있는 역량이다. 이런 쪽이 강한 사람이라면 운동, 기술, 수작업 등을 다루는 1인기업에서 강점을 보일 수 있다.

사람과 관계를 맺으며 일하는 것에 강한 유형

공감력이 뛰어나 대인관계가 좋다. 사람을 잘 다루고 말솜씨가 좋으며 사람들과 함께 일할 때 더 즐거운 유형이다. 이런 쪽이 강한 사람이라면 상담, 코칭, 의료, 복지, 교육 등을 다루는 1인기업이 될 수 있다.

창의적 사고 및 아이디어 활용에 강한 유형

아이디어나 창의성을 다루는 능력이 뛰어나다. 새로움이나 가능성, 잠재적 현상을 예민하게 파악한다. 때로 예술적인 영역과도 맞물려 능력을 발휘할 수 있다. 이런 쪽이 강한 사람이라면 교육, 예술, 글쓰기, 강의 등의 분야에서 역량을 발휘하는 1인기업이 되기 쉽다.

자료, 정보 및 숫자 활용에 강한 유형

숫자나 자료, 정보를 다루는 데 뛰어난 사람들이다. 데이터 업무에서 정확하고 꼼꼼하며 신뢰할 만한 사람들이다. 이런 쪽이 강한 사람이라면 데이터 분석, 체계화, 재무 등의 분야에서 1인기업으로 활동할 때 성공할 가능성이 크다.

* 한 가지 성향만 있는 사람도 있지만 두세 가지 영역이 겹치는 사람도 있다. 자신을 분석해 잘 맞는 유형을 추론해가는 노력이 필요하다.

프레디저는 카드를 활용해 위와 같은 네 가지 유형 중 어디에 속하는지 체크해볼 수 있도록 만든 검사다. 물론 이러한 검사 결과를 100% 신뢰하고 무조건 따라야 하는 것은 아니다. 다만 1인기업을 시작하기에 앞서 자신이 어떤 성향을 가진 사람인지 명확히 파악하고, 자신의 역량이 무슨 일을 하기에 더욱 적합한지 참고할 만한 자료로 삼을 수 있다. 프레디저 검사에 대한 추가적인 내용은 관련 홈페이지 prediger.co.kr에서 찾아볼 수 있다.

1인기업가의 역량: 말하기, 쓰기, 활동하기

개인의 기본적인 역량에 더해 1인기업가에게 유용한 역량들이 몇 가지 더 있다. 그건 바로 말하고, 쓰고, 활동하는 영역에서의 역량들이다. 이것들은 활용도가 다양한 범용성 높은 역량들로 1인기업 활동의 주요 수단이 된다.

예전에 어떤 유명한 사람의 책을 읽고 그 탁월한 식견과 글솜씨에 감탄했던 적이 있다. 그런데 막상 그 사람의 강연을 보고는 꽤나 실망했다. 그 유려한 글솜씨나 표현의 깊이가 정작 강의에서는 전혀 느껴지지 않았기 때문이다. 사실 이건 찾아보기 힘든 특별한 경우가 아니다. 사람마다 각자 자신의 특징과 장점을 뽐낼 수 있는 영역이 있다. 내 지인 중 한 명은 상담을 잘하지만 강의에 스트레스를 많이 받는다. 그 사람은 자신이 강의와는 잘 맞지 않다고 느낀다. 그에 비해 강의를 잘하는 또 다른 지인은 글을 쓰는 데 어려움을 호소했던 적이 있다. 사람은 모두 다른 성격과 능력을 가진 존재이니, 이런 현상은 당연한 일이다.

지식 기반의 1인기업이라면 특히 자신의 역량이 어떤 쪽으로 뛰어난지 가늠해보는 것은 필수다. 눈에 보이는 실물 제품이라면 결국 제품의 차이가 실력을 나타내는 지표가 되겠지만, 지식 서비스에서 자신을 드러낼 표현 수단은 두 종류다. 바로 말과 글이다. 다행스럽게도 이 두 가지가 모두 강하다면 금상첨화겠으나 그렇지 않다면 공략 대상을 조금 달리해야 한다.

만약 말하기 능력이 강하다면 강의나 컨설팅을 중심으로 콘텐츠를 풀어나가는 것이 맞다. 이런 역량이 강한 사람은 통계적으로 봤을 때 외향적 성격일 가능성이 클 것이고(물론 내향적인 사람도 강의를 잘할 수는 있다. 그저 통계적인 가능성만을 언급한 것이다), 직접적인 대면에 강하며 강의 경험이 많을 것이다. 이런 사람은 그 능력을 살려 강의 기회를 최대한 많이 늘려야 한다. 강의장 혹은 TV 방송이나 온라인 영상에서 대중에게 노출되도록 역량을 발휘해야 한다.

글쓰기 능력이 강한 사람이라면 글을 중심으로 어필해야 한다. 대표적으로 책을 통해 대중에게 다가갈 수 있으나 요즘에는 온라인 글쓰기 플랫폼이나 SNS를 활용할 수도 있다.

특이한 케이스도 찾아볼 수 있다. 강의나 글보다 활동력이 대단히 뛰어난 사람이 있다. 이 경우에는 수시로 끝없이 다양한 행사를 만들고 일을 벌인다. 이런 사람은 흔히 프로젝트를 만들고 사업화하는 데 탁월하다. 이처럼 무엇이 되었든 자신의 핵심역량을 잘 활용하는 것이 중요하다.

나는 운이 좋게도 말과 글이 모두 편하고 좋다. 그래서 강의와 글을 모두 활용한다. 다만 영상은 찍는 재미가 없진 않지만 아직 조금 불편하다. 개인적으로 40대부터 60대의 생애설계를 위한 '456 TV'라는 유튜브를 운영해봤다. 그러나 얼굴이 계속 노출되는 상황이 살짝 부담스럽기도 하고, 한편으로는 투입해야 하는 시간과 노력에 비해 제대로 된 영상을 만들기가 어려워 보류 중이다. 현재 상태에서 보면 내 주력 분야는 거의 현장 강의와 컨설팅이다. SNS를 통한 글쓰기는 덤으로 발전시키고 싶고 좋아하는 영역에 가깝다.

시장을 공략하는 과정에서는 그 누구든 자신에 대한 이해가 반드시 필요하다. 특히 역량과 관련해서 어디에 전투력을 집중해야 하는지를 아는 것은, 훌륭한 장수가 전투를 앞두고 전장을 잘 파악하는 것만큼 중요하다. 대세라고 해서 스트레스를 잔뜩 받으며 억지로 유튜브를 하는 것은 별로 권장하고 싶지 않다. 보는 사람도 그 마음을 느끼게 되고 스스로도 피폐해지기 쉽다. 차라리 자기가 잘하는 영역에 집중하거나 자신이 어려워하는 분야를 도와줄 만한 사람의 힘을 빌리는 것이 훨씬 효과가 크다. 특히 유튜브 등은 기술적 장벽이 있다면 다른 사람의 도움을 받는 것을 추천한다. 꼭 모든 것을 직접 해야 하는 것은 아니므로 자신을 받쳐줄 환경을 활용하는 것 역시 능력인 셈이다. 참고로 온라인 활용 역량 역시 굉장히 중요한 영역이다. 다만 이 부분은 뒤쪽의 '온라인 퍼스널 브랜딩'에서 함께 다루고자 한다.

나의 고객은
누구인가?

일차적으로 콘텐츠와 콘셉트가 나왔다면, 그다음에는 그것들에 반응할 대상이 누구인지 생각해봐야 한다. 예를 들어 나의 콘텐츠는 재취업 노하우와 진로 선택, 자신에게 맞는 직업 만들기, 재·퇴직자를 위한 생애설계 등이고, 직업상담 실무 현장의 오랜 경험을 바탕으로 '중장년 직업 문제 해결 전문가'란 콘셉트를 가지고 있다. 여기에 관심과 비용을 들일 대상은 누구일까?

가장 먼저 머리에 떠오르는 사람들은 퇴직 후 재취업을 꿈꾸는 사람들이다. 그러나 나는 예전부터 '왜 직업 문제는 퇴직자에게 국한되는 걸까?'라는 의문을 품고 있었다. 즉 그 이상의 사람들, 보통의 개인들을 위한 직업 문제 해결이라는 콘텐츠를 가지고 대중 속으로 들어가고 싶었다. 그러니 내 고객은 직업에 대한 고민을 안고 있는 사람들이라면 모두 대상인 셈이다.

다만 여기에도 함정은 있다. 가끔 사람들이 오해하지만, 나의 1차 고객은 시장에 산재한 개개인이 아니다. 왜냐하면 한국의 경우 B2C 시장이 성숙하지 않아 개인을 대상으로 한 비즈니스의 전개는 너무 어렵기 때문이다. 즉 아주 소수의 사람들만 자신의 직업적 어려움을 해결하기 위해 직접 돈을 지불하려 한다.

이러한 시장 상황에 발맞추기 위해 개인이 아니라 오히려 개인을 모아 교육이나 컨설팅을 진행할 수 있는 기관이나 기업에 초점을 두었다. 그런 곳들에 맞는 가장 강력한 홍보 수단은 관계자들의 '입소문'인지라 늘 참여했던 프로젝트의 성과나 평판에 신경 썼다. 이런 작은 노력들이 누적되어 만들어진 평판에 기반해 나의 콘텐츠와 콘셉트가 조금씩 힘을 얻을 수 있었다. 물론 처음에 주어진 기회를 놓치지 않고 지속적인 단골고객을 만드는 것은 그 이후의 '증명(예를 들면 강의나 컨설팅의 피드백)'이지만, 애초에 기회가 없으면 진행 자체가 되지 않는다. 따라서 1차 고객을 위한 콘텐츠의 정리, 브랜드의 인지도 확장 작업이 필요함은 이견의 여지가 없다.

세라믹 쥬얼리 아티스트인 한 1인기업가는 타깃을 젊은 감각의 신세대로 삼았다. 그래서 그녀는 신세대의 취향에 맞춰 주로 페이스북 등의 SNS를 활용해 홍보했고, 젊은 사람들이 부모를 위해 도자기 카네이션 같은 제품을 구매하도록 유도했다. 결국 고객의 정체성이 먼저 확실하게 결정되면 상품에 따른 홍보 수단 역시 따라 나오게 되는 것이다.

자신에게 맞는 대상고객을 명확히 선정하라

대상고객 선정과 관련해 반드시 기억해야 할 것이 하나 더 있다. 그건 1인기업가의 나이에 따라 잘 어울리는 고객층이 존재한다는 것이다.

1인기업은 좋든 싫든 강의를 빼놓을 수 없다. 요즘은 모든 콘텐츠가 강의와 책 쓰기에 연결되니 이런 과정들은 가히 필수다. 그런데 강의를 해본 사람들은 알겠지만, 나이에서 오는 동질성을 무시하기는 쉽지 않다. 예를 들어 중장년층에 해당하는 1인기업가가 꽤 좋은 콘텐츠를 가지고 있다고 해도 청소년을 대상으로 강의나 프로그램을 진행하기는 여간 어려운 것이 아니다. 그에 비해 자기 또래를 대상으로 한 강의는 그 저변에 깔린 동질감이 긍정적으로 작용해서 좀 더 쉽게 먹힌다. 쉽게 이야기하면 청소년들은 젊은 사람의 이야기가 재미있고, 중장년층은 나이가 있는 사람의 이야기가 잘 들린다는 것이다. 반대의 경우를 상상해보면 얼마나 대상에 대한 설득력이 떨어질지 예측된다. 예컨대 은퇴예정자들을 대상으로 한 교육에 30대 강사가 강의한다면 IT 등의 특정 분야가 아니고서야 웬만해선 설득력을 갖기 어렵다. 강의의 질을 논하기 전에, 이미 그 이야기들이 제대로 먹힐 기초 환경이 마련되지 않는 것이다.

사실 처음 1인기업을 시작하는 사람들은 흔히 수입의 불안 때문에 대상층을 넓게 잡으려는 경향을 보인다. 그러다 보면 죽도 밥도 아닌 엉뚱한 목표를 잡기 쉽다. 그래서 시작하는 1인기업가들에게 '처음에는 뾰족하게, 그러나 점점 더 넓게' 타깃을 정하라고 조언한다. 시작점이 선명하지 않으면 오래가기 어렵기 때문이다. 그러다 점점 실력이 붙으면서 타깃 영역은 자연스레 넓어지게 된다.

시장에는 여기서 말한 것과 반대로 활동하는 분들이 있다. 그렇게 한다고 무조건 실패하는 것은 아니지만 확률적으로 처음 들어온 기회에 잘 설득하기 어려운 고객층을 대상으로 좋은 평가를 받기는 쉽지 않다. 처음에는 초조하고 자신의 영역이 분명치 않은 상태인지라 어떤 고객이라도 맡고 싶겠지만, 분명한 자신의 고객층을 가지는 것이야말로 오래갈 수 있는 밑바탕이 된다. 그러니 가능하다면 상황에 따라 타협할지라도 명확한 고객 타깃을 선정해 시작하는 것이 좋다.

나는 고객에게 무엇을 줄 수 있는가?

마지막으로 고객에게 자신을 홍보하려면 결국 내가 고객에게 줄 수 있는 것이 무엇인지를 먼저 알고 있어야 한다. 나는 퇴직자와 예비퇴직자를 대상으로 진행하는 기업의 전직 서비스를 통해 이들이 사회생활에 다시 잘 적응할 수 있도록 재취업을 돕고 있다. 또한 재·퇴직자들의 생애설계를 지원해 무너진 삶의 균형을 다시 잡을 수 있도록 좀 더 쉽고 실용적인 콘텐츠를 개발하고자 노력한다.

기업이나 기관을 1차 고객으로 둔 내 목표는 참여자들의 만족을 최대한 끌어내는 것이다. 그 만족에는 여러 가지 요소가 있겠으나 단기 강의라면 강의 만족도, 장기 프로젝트라면 취업 성과와 컨설턴트의 관계를 통한 심리적 안정감 확보, 필요할 때 적절히 의견을 교환할 수 있는 관계 등이 될 것이다.

그런데 사실 이런 표면적인 것들은 이와 비슷한 일을 하는 대부분의 사람들이 제안할 수 있는 것이기도 하다. 유사한 콘셉트를 가진 사람들이 많아질 때 자신만의 차별화된 콘텐츠를 고객에게 어떻게 제공할 것인지 끊임없이 고민해야 한다. 예를 들어 내 강의의 강점은 세 가지로 요약할 수 있다. 첫째는 현장을 빠르게 캐치해 대상에게 맞는 적절한 눈높이로 강의 내용을 변환하는 것, 둘째는 강의 내용 중 하나 이상은 반드시 활용할 수 있도록 실용적인 노하우를 전달하는 것, 셋째는 현장에서 주어진 어떤 직업적 문제들에도 즉석으로 컨설팅을 진행할 수 있는 풍부한 경험이다. 이처럼 자신의 강점이 무엇인지를 알면 일을 풀어나가기가 훨씬 수월해진다.

1인기업은 대체로 자신의 역량을 어필할 수 있는 증거(레퍼런스)가 약할 수밖에 없다. 그나마 경험이 꽤 쌓이면 참여 프로젝트에 대한 자료라도 많아져 좀 더 유리하겠지만, 시작점에 있는 1인기업들로선 그조차 쉽지 않은 일이다. 그러니 좀 더 철저하게 자신의 고객에게 맞춰 자신이 기여할 수 있는 부분을 정리해둬야 한다. 수시로 날아오는 "도대체 당신은 다른 분과 뭐가 다른가요?"라는 질문에 순발력 있게 답하지 못하면 당신이 일할 수 있는 기회는 순식간에 신기루처럼 날아가버릴 것이기 때문이다.

유사한 콘셉트를 가진 사람들이 많아질 때
자신만의 차별화된 콘텐츠를 고객에게
어떻게 제공할 것인지 끊임없이 고민해야 한다.

일할 자격을 어떻게 증명할 것인가?

　　예전에 한 기관에서 강의 배정을 담당했을 때의 일이다. 때마침 온라인 홍보 쪽에서 나름 탁월한 성과를 내고 있던 사람을 알고 있어 강의를 요청한 적이 있다. 요청을 흔쾌히 승낙해준 덕분에 일사천리로 강의 진행 관련 보고서를 올렸는데, 그 과정에서 갑자기 제동이 걸려버렸다. 실력의 유무를 판단하고 결정 내린 것인지 정확히 모르겠지만, 최종 학력이 고졸인 사람을 강사로 쓸 수 없다는 관리부서의 통보가 내려온 것이었다. 자기 분야의 성과가 분명한 사람에게 학력이라는 굴레를 씌워 강의를 못 하게 하는 것에 화가 났지만 규정 자체가 그렇다는데 별도리가 없었다. 그분께 양해를 구하는 수밖에는…. 그런데 당사자는 정작 화를 내지 않았다. 심지어 그런 일이 종종 있다며 이해하고 넘어가는 것이었다. 이 사건을 겪으며 실력 못지않게 그 일을 잘할 수 있다는 표면적인 증거가 필요함을 절실히 깨닫게 되었다.

사람들의 편견에 맞서야 한다

한국 사회는 학력에 대한 편견이 꽤 있는 편이다. 아니, 과연 학력뿐일까? 곳곳에서 비합리적인 온갖 이유들로 일의 진행이 막히는 경우를 흔히 볼 수 있다. 특히 1인기업을 향한 편견은 다수 존재한다. 요즘 1인기업 진입자가 많아지면서 워낙 다양한 사람들이 있다 보니 일을 맡기는 측에서도 좀 더 명확한 근거가 필요할 것이다. 하지만 그런 근거를 제시하기에 앞서 이미 편견들(대표적인 것이 학력이다.)을 바탕으로 판단하는 경우가 많아 속상할 때가 한두 번이 아니다.

물론 동의하기 싫지만, 사실 1인기업을 하는 대부분의 사람들은 이러한 편견에 맞서 싸우고 해결해나가야 한다는 게 현실이다. 만일 그런 편견이 글자 그대로 '잘못된 편견'이라면 우리는 그 잘못된 생각을 없앨 수 있는 자신만의 증거를 가지고 있어야 한다. 구체적으로 말하자면 그 일을 '잘할 수 있다'는 것에 대한 증명이다. 특히 이런 증명은 제품 생산이나 기술 관련 업무보다는 쉽게 실력이 나타나지 않는 강의, 컨설팅 등 무형의 지식 기반 서비스 업무에서 더 필요하다. 경력이 충분히 쌓인 사람들이야 그 경력과 평판을 바탕으로 이런 부분에서 점점 더 자유로워질 수 있지만, 이제 시작하는 사람들은 어쩔 수 없이 스스로 능력을 입증하고 그 책임을 져야 한다.

자신의 실력을 대변하는 증명 세 가지

그럼 이런 증명에는 어떤 것들이 있을까? 먼저 떠올릴 수 있는 것은 '과거의 명확한 실적'이다. 사실 앞에서 언급했던 학력을 문제 삼은 기관은 낮은 학력을 가진 한 1인기업가에게 상당한 수준의 강의료를 주고 강의를 진행한 적이 있었다. 그것이 가능했던 힘은 누구도 토를 달기 힘든 명확한 성과 덕분이었다. 그러니 1인기업을 꿈꾸는 사람이라면 자기 분야에서 성과를 낸 경험을 명확히 정리해두는 것이 좋다. 자신의 경력을 소개할 때 과거에 이루었던 성과를 가시적으로 증명하는 것은 점점 더 필수적으로 여겨지고 있다. 다만 이때도 기억할 것이 있는데, 단순히 '오래 일한 것'만으로는 성과를 증명할 수 없는 경우가 많다는 점이다. 중요한 것은 시간의 기록이 아닌 '자기만의 명확한 영역 증명'임을 기억하자.

두 번째는 자격에 대한 증명으로 가장 오래, 그리고 강력하게 쓰여온 '학벌과 학력'이다. 석박사 학위의 존재 유무는 여전히 중요한 이슈가 된다. 특히 공공기관의 경우 비용이 지출되는 일에서 무언가 타당한 근거를 찾기 위해 학위를 요구하는 경우가 많다. 학벌과 학력은 가장 대중적으로 쉽게 자격을 증명할 수 있는 도구이기에 여전히 위력을 떨치고 있는 것이다. 하지만 또 그 후광효과에 속아 곤잘 예상치 못한 결과가 나오기도 한다.

세 번째는 '신뢰할 만한 사람의 추천'이다. 그것만으로 모든 이해관계를 통과하는 것은 아니지만, 그래도 강력한 위력을 발휘하는 것은 틀림없다. 사람을 통한 일거리 수주는 사람들이 생각하는 것 이상으로 시장에서 가장 흔한 진입과정이다. 1인기업이 네트워크에 신경 쓰며 평판을 쌓아가는 것을 소홀히 하면 안되는 이유가 여기에 있다.

만약 이도 저도 없는 사람이라면 어떻게 해야 할까? 일단 인위적으로라도 작은 일부터 시작해서 조금씩 경력을 만들어가야 한다. 간혹 강의를 하는 사람들 중에 무료강의 같은 자원봉사를 통해 경력을 쌓아가는 사람도 있다. 이 방법도 충분히 하나의 대안이 될 수 있다. 또 온라인으로 인지도를 확산하는 것도 좋은 방법이다. 이 부분은 퍼스널 브랜딩 파트에서 좀 더 상세히 다루도록 하겠지만, 최근 SNS에서의 홍보와 퍼스널 브랜딩은 아주 강력한 자격의 증명으로서 중요한 역할을 하고 있다. 1인기업이라면 이러한 추세를 기억해둘 필요가 있다.

나를 도와줄
사람이 있는가?

언젠가 책을 출간하는 데 도움이 될 것 같아 무작정 출판 관련 온라인 모임에 참여한 적이 있다. 그런 모임에서 사람들을 만나면 좀 더 많은 도움을 받을 수 있지 않을까 하는 정말 막연한 기대 때문이었다. 그곳에서 알게 된 사람 중에 외국계 기업의 임원이 한 명 있었다. 그는 미래에 자신의 세컨드 잡으로 1인 출판업을 하기 위해 그 모임에 참석한 것이었다. 그렇게 인연이 되어 그의 행보를 지켜볼 수 있었는데, 결국 그는 몇 년 후에 자신이 꿈꾸던 1인 출판사를 창업했고 베스트셀러까지 출간했다. 나 역시 그 모임과의 인연을 발판으로 첫 책을 쓰기도 했다.

이 책을 쓰면서 거듭 강조하는 부분이 있다. 눈치 빠른 독자라면 이미 감을 잡았겠지만 핵심은 결국 '사람'이다. 1인기업에게 사람은 어떠한 역할을 하고 있는가?

어떤 일이든 조력자가 필요하다

직업 분야에서 일하면서 아주 많은 사례를 통해 누군가 도와주지 않으면 혼자서는 재취업도 창업도 제대로 성공하기는 어렵다는 것을 확인했다. 나는 독립하기 전 이미 직업 분야에서 10년 가까이 일을 해왔는데도 처음 시작할 때의 마음은 막막함 그 자체였다. 그 상황에서 나를 응원하고, 정보를 가져다주고, 때로 추천까지 해줄 수 있는 사람의 존재는 어둠을 밝히는 구원의 등불과도 같은 것이었다.

사람은 모든 영역에서 최고의 매개체다. 예를 들어 어떤 기업 부장 출신의 40대 후반 퇴직자가 한 명 있다고 가정해보자. 그가 그동안 직장에서 제대로 일했다면, 그래서 유능하고 주변의 평가가 좋다면, 아마도 퇴직 이야기가 나오자마자 실제 퇴직하기도 전에 재취업 제안을 여러 건 받았을 가능성이 크다. 혹은 퇴직 이후라도 이런저런 제안들을 받고 검토할 수 있다. 그런데 퇴직 후 1년이 지나도록 정보를 주는 사람이 누구 하나 없다면 어떨까? 그 사람의 재취업은, 특히 좋은 일자리로 갈 가능성은 현저히 떨어지게 된다.

1인기업 역시 마찬가지다. 나처럼 독립하려는 분야가 기존 직장의 연장선에 있는 것이라면 가장 든든한 지원자는 바로 자신이 거쳤던 조직들이 될 것이다. 그 조직과 함께 연관을 맺었던 다른 조직들 역시 인연의 고리에 포함된다. 물론 면식이 있다는 이유만으로 무조건 일을 주진 않는다. 이때는 내가 과거의 경력 속에 어떤 흔적을 남겼느냐가 관건이 된다. 1인기업을 하고 싶은 사람이라면 우선 지금 하고 있는 일에 최선을 다해야 한다는 말은 이 때문이다. 기존의 직장이 가장 든든한 디딤돌이 될 것인지, 혹은 가장 불편한 장애물이 될 것인지가 지금 이 순간, 당신의 일하는 모습에 달린 것이다.

함께 일해온 곳이 도움을 주기는커녕, 그곳에 문의 전화를 하는 것만으로도 새로 맡고자 하는 일에 지장을 받게 되는 경우를 본 적이 있다. 상황이 이렇다면 일을 수주하는 것은 어렵다고 봐야 한다. 어떤 담당자도 확인 없이 낯선 사람에게 일을 맡기지는 않는다. 일의 성과에 대해 믿을 만한 사람의 최소한의 보장이 필요하다. 대개 유관기관의 담당자 혹은 해당 분야 전문가의 추천이나 소개가 그런 역할을 한다.

사람들은 일할 때 평판이란 흔적을 남긴다. 이미 앞에서도 이야기했듯이 그 흔적은 꼬리표처럼 따라다닌다. 형태가 없지만 시장에서 무엇보다 강력한 가치를 지닌 것은 바로 평판이다. 그래서 누군가는 평판을 사회적 자본이라 부르기도 한다.

자신의 인적 네트워크를 점검하라

독서 모임을 통해 만난 친구가 하나 있다. 그는 오랜 기간 기업의 재무담당자로 일했고 실제 자신은 물론 주변인들까지 재무적 안정성을 이루도록 기여해왔다. 재무 분야의 사람들에게 나타날 수도 있는 병폐 중의 하나가 '이론을 쉽고 단순화해 뻥튀기'를 하는 것인데, 그의 이론에는 그런 것이 없다. 그것이 그의 강점인 동시에 약점이 되었다. 생각보다 많은 사람들이 뻥이라도 좋으니 시원하게 이야기해주기를 바라기 때문이다. 그 친구는 오래전부터 1인기업가를 꿈꿔왔다. 유명한 분의 밑에서 착실하게 수업도 받고, 자신만의 영역을 만들기 위해 수년 전부터 독서 모임과 재무 공부 모임 등을 통해 네트워크도 만들어왔다. 스스로 재무 분야의 글을 쓰고 책까지 출간했으니 아마추어 수준은 진작에 벗어난 셈이다. 나는 그가 조금씩 1인기업 시장 속으로 진입하는 것을 봐왔다. 그는 강의 분야에서 전력이라 할 만한 것이 많지 않아 어려움이 예견되었지만, 인적 네트워크라는 무엇보다 튼튼하고 강력한 울타리가 있었다. 각계각층의 오프라인 네트워크는 물론이고, 그가 외부활동을 시작할 무렵에 그의 브런치(누구나 자유롭게 글을 쓸 수 있는 플랫폼) 계정은 구독자가 이미 1만 4천 명을 넘어갔었으니 시작도 전에 상당한 준비를 한 셈이다.

그가 바로 '차칸양'이라는 필명으로 경영, 경제, 인문 관련 모임 '에코라이후'를 운영하고 있는 양재우 대표다. 퇴직한 지 불과 약 1년 만에 라이프 밸런스 컨설턴트(LBC; Life Balance Consultant)란 이름으로 조금씩 시장에 발을 넓혀가는 그를 보며 역시 네트워크의 힘은 대단하다고 다시 한번 깨닫는다. 아마도 그가 시장에서 긍정적인 평판을 좀 더 갖게 되면 그 인적 관계망은 훨씬 더 강력한 우군으로 바뀌어갈 것이다.

이런 이야기를 듣는 사람들이 흔히 보이는 반응이 있다. 주변에 그렇게 특출난 인맥이 될 만한 이가 없다는 것이다. 하지만 처음부터 그런 인맥 속에 쌓여 있는 사람은 얼마나 될까? 인맥은 성장하는 생물과 같다. 필요한 인맥이 있다면 찾아다니며 키우면 되는 일이다. 나는 책이나 인터넷을 통해 누군가를 알게 되고 그 사람과 교류하고 싶어지면, 중간에 사람을 통하거나 직접적으로 접근할 기회를 만들어 얼굴을 트곤 한다. 내가 만난 1인 기업의 상당수는 그렇게 인적 네트워크를 만들기 시작했다.

내가 누군가를 필요로 하듯이 그 누군가도 나를 필요로 할 수 있다. 내가 필요한 만큼 성의를 보이고 때로는 상황에 따라 상대를 도울 수 있다면, 그 관계는 네트워크의 든든한 뿌리가 되어줄 것이다. 혹 그 사람에게 줄 것이 없다고 걱정된다면 그런 마음은 접어두자. 온라인상의 따뜻한 응원 한마디, 작은 관심, 사소한 정보의 제공까지 그 모든 것은 당신의 성의가 될 수 있다.

1인기업을 시작하고 싶은가? 그렇다면 지금부터 주변의 네트워크를 다시 점검해보라. 이때 가장 좋은 방법은 현재의 그 지점에서 일과 인간관계를 잘 만들어 확장하는 것이다. 그것이 1인기업의 출발점이다.

퇴사 전에 준비해야 할 것은 무엇인가?

"저는 회사에 재직 중입니다. 개인적으로 1인기업에 관심이 있는데 퇴사 전에 제가 어떤 것을 준비할 수 있을까요?" 1인기업에 관심 있는 직장인들에게서 종종 듣는 질문이다. 대부분의 직장인들은 자신들의 직장생활이 타의에 의해 끊어질 수 있다는 것을 알기에 위와 같은 고민을 한 번쯤 마음에 품곤 한다. 그런데 조금 포괄적인 질문이라 무턱대고 답하기는 어렵다. 이 질문에 적합한 답을 찾다 보니 네 가지 정도로 방향이 모아졌다. 나는 위와 유사한 질문들에 다음과 같은 네 가지로 답하곤 한다.

준비 하나, 전문성을 키워라

첫째는 자신이 필요한 '전문성'을 키우는 것이다. 누구나 1인기업으로서 필요한 역량이 있다. 자기 분야에서 성과를 내는 역량도 필요하고, 이를 다시 강의나 컨설팅으로 풀어내는 역량도 있어야 할 것이다. 강의를 예로 들어보자. 예전에 일했던 곳에서 강의는 어떤 이에겐 즐거움이었고, 어떤 이들에겐 고생이기도 했다. 내게는 즐거움에 가까웠는데 언젠가 독립을 하면 결국 주수입원은 강의가 될 수밖에 없다는 것을 알고 있었기 때문이다. 회사에서 돈을 받으며 트레이닝을 하는 셈이니 그 이상의 좋은 훈련과정이 어디 있을까. 이처럼 어떤 구체적인 목표를 염두에 두면 생각과 행동이 달라질 수밖에 없다.

만약 독립을 꿈꾸고 있는 영역이 지금 하는 일과 겹친다면 천운이다. 물론 그 천운을 최대한 활용해야 한다. 다행스럽게도 독립을 위한 노력은 대부분 실제 업계에서 환영받는 역량의 향상으로 이어질 것이다.

만약 지금 하는 일과 독립하려는 영역이 다르다면, 그때는 좀 더 많은 시간이 필요하다. 흔히 전문가가 되기 위한 1만 시간의 법칙을 이야기하는데 이제는 한 분야의 전문가가 되는 데 예전만큼 긴 시간이 필요하지 않다고 생각한다. 정보가 워낙 잘 개방되어 있고, 한 사람의 수련을 위한 시스템이 아주 훌륭하게 갖춰져 있기 때문이다. 다만 늘 아쉬운 것은 재직 중에 독립을 준비할 시간이 부족하다는 점인데, 스스로 시간을 만드는 것 외엔 해결법이 없다. 잠을 줄이건, 여가를 없애건, 가족과의 시간을 줄이건 선택은 자유지만, 시간이라는 유한한 자원을 가진 인간으로선 결국 무엇인가를 얻으려면 늘 그에 상응하는 대가를 치러야 한다. 모든 것을 다 챙기며 살 수 있는 사람은 없다. 드라마 속 주인공 외에는.

준비 둘, 좋은 평판을 남겨라

둘째, 가장 중요한 것은 우선 지금 하고 있는 일에서 '좋은 평판'을 남기라는 것이다. 조금 다른 각도로 말하자면 현재까지 지나온 과정에서 만났던 사람들이나 회사들을 언젠가 사회에서 다시 만날 때 내 우군이 될 정도의 관계와 평가를 만들어야 한다는 말이다.

언젠가는 조직을 나와서 일하겠지만 만약 그 일이 예전에 했던 일과 같은 것이라면 자연스럽게 자신이 경험했던 회사들을 다시 만나게 될 가능성이 크다. 결국 현재 좋은 평판을 만드는 것은 훗날 자기 사업을 운영하기 위해 꼭 필요한 씨앗을 뿌리는 것과 같다. 설사 1인기업을 하려는 분야와 지금 하는 일이

다르다고 해도 마찬가지다. 평판은 영역을 넘나들며 모르는 이에게까지 자신을 알리는 것이라 언제 어디서 어떻게 부딪힐지 모른다.

그럼 좋은 평판을 남기기 위해서 뭘 해야 할까? 당연히 현재 직장에서 업무적으로 좋은 결과를 남겨야 한다. 1인기업을 하는 사람들을 보면 이런 생각이 든다. 결국 어디서든 잘했던 사람이 1인기업이 되어서도 성과를 낼 가능성이 크다는 것이다. 혹여라도 곧 독립해 1인기업을 할 예정이니 지금 일은 조금 소홀해도 된다고 생각한다면 솔직히 창업을 말리고 싶다. 그런 사람은 험한 길을 가게 될 가능성이 크다. 지나온 과정들이 스스로를 돕지 못한다면 그냥 맨바닥에서 시작해야 한다는 이야기인데, 그건 결단코 권할 만한 과정이 아니다. 1인기업도 창업인데 사람의 도움 없이 크길 기대한다면 그건 일종의 망상이다. 그러니 지금 그 자리에서 일단 열심히 하는 것이 좋다. 떠날 때 모든 사람이 아쉬워할 만큼.

준비 셋, 로드맵이 필요하다

셋째는 실행을 위한 '로드맵'을 짜는 것이다. 1인기업을 하기로 결정했다면, 그리고 지금 재직 중이라면 어떤 과정을 거쳐 독립

할지 자신만의 로드맵을 그리는 것은 필수다. 필요한 자격증, 꼭 해야 할 경험, 도움이 될 사람들과의 네트워크 등을 하나하나 잡고 실행해가다 보면 그 일이 실현 가능한 것인지 확신도 생길 수 있다. 우리는 살면서 현실에 수도 없이 많은 양보를 한다. 지금은 이래서 안 되고, 나중엔 저래서 안 된다. 머릿속으로만 계획한 상황이라면 실제로 행동했을 때 그 과정이 순탄하게 지켜질 가능성은 드물다. 만약 그 준비과정조차 뜻대로 되지 않는다면, 안타깝지만 '다음 기회'가 정답이다.

로드맵을 그릴 때 중요한 것은 역순으로 계획을 짜는 것이다. 언제쯤 독립하겠다는 목표를 세운 후 그 과정에서 필요한 전 단계들을 상정하고 하나씩 밟아나가면 되는 것이다. 아래의 표는 예를 들어 로드맵 일정을 짜본 것이다. 이처럼 아주 단순한 형태라도 좋다. 자신이 갈 과정의 지표만 될 수 있다면 그 역할은 충

· 로드맵 일정 예시 ·

일정	해야 할 것들
3년 후	직업상담 분야 1인기업 독립
2년 후	책 출간, 전문가 네트워크에 참여해 공동작업의 기회 만들기
1년 후	강의 콘텐츠 확장, 심리검사 도구 관련 자격 취득, 책 집필 시작
6개월 후	직업상담사 자격증 취득, 관련 분야 회사 입사, 강의 시작 준비
지금 당장	관련 분야 책 10권 이상 읽기, 온·오프라인 인적 네트워크 시작

창업 비용 2만 원, 1인기업으로 살아남기

분하다. 적어도 길을 잃고 헤매거나 실행 시간이 한없이 늘어지는 부작용은 막아줄 것이다.

준비 넷, 가능성을 실험하라

마지막 네 번째는 자신이 꿈꾸는 1인기업의 실질적 '가능성'을 실험하는 일이다. 우리가 무언가 새로운 직업을 선택할 때 대개 그 직업에 대한 이미지와 조건에 좌우되는 경우가 많다. 그러나 실제로 만나는 직업환경은 전혀 이야기가 다르다. 해보지 않으면 실체를 알기는 어렵다.

지인 중에 목수가 되는 꿈을 꾸던 사람이 있었다. 그는 실제로 재직 중에 목공 교육을 받았고 자신이 만든 작품을 가지고 와서 보여준 적이 있었다. 여기까지는 누구나 할 수 있는 이야기다. 그런데 이 사람이 나를 놀라게 만든 것은 그가 그 작품을 인터넷을 통해 파는 시도까지 해본 것이었다. 실제로 팔리더라는 말을 들으며 나는 그가 언제든 정말 독립할 것이라고 생각했었다.

1인기업으로의 전환은 아주 특별한 사람이 아니고서야 누구에게나 쉽지 않은 도전이다. 그 과정에서 실험한다는 것은 두 가지의 큰 장점을 제공해준다. 첫 번째는 내 역량에 대한 실험이다. 당연히 '직접 해본 사람'의 목소리에는 힘이 들어가기 마련이다. 실제로 자기가 상품화하고자 생각해온 것을 충분히 풀어낼 수 있는지 확인하는 것은 스스로에게 자신감과 함께 추진력을 제공해주는 기회가 된다. 두 번째는 시장환경에 대한 실험이다. 이 시장이 평소 생각해온 것과 유사한지, 전혀 생각지 못한 난관을 주는 시장인지를 확인한다면 그에 미리 대비할 수 있다. 만약 오판임이 확실했다면 포기 역시 쉬울 수 있다. 안팎으로 이런 이점이 있으니 실험을 마다할 이유가 없다.

그런데 생각보다 미리 깊이 있는 실험을 해보는 이들이 많지 않다. 머리로, 혹은 하루 이틀의 경험을 가지고 실험이라고 하는 것은 곤란하다. 그래서는 제대로 된 결론을 내기 어려울뿐더러 오판의 가능성만 키울 수 있다. 그러니 실험을 하려면 제대로 해야 한다. 음식점 같은 분야를 경험하려면 최소 3개월 정도는 겪어봐야 하고, 단발 프로젝트라면 다수의 경험을 해봐야 한다. 강의도 단발 프로젝트와 유사하니 시간을 두고 여러 번의 경험을 쌓아본 후 결단을 내리는 것이 좋다.

최근에는 이런 경험을 체험할 수 있는 제도적 시스템들이 많이 갖추어져 있다. 예를 들어 음식점을 창업하려는 사람이 있다면 마이샵온샵 같은 매장공유(혹은 점포셰어링) 사이트 등을 활용해 적은 위험 부담을 안고 다양한 실험을 해볼 수 있다. IT 기술을 비롯해 다양한 재능을 가진 사람들은 크몽 같은 재능마켓 사이트를 통해 자신의 역량을 1인기업 비즈니스로 활용 가능한

지 확인할 수 있다. 강사 역시 마찬가지다. 요즘은 다양한 기관에서 강사 양성 과정을 진행하고 있으니 그런 것들을 통해 실험해보면 시행착오를 충분히 줄일 수 있다.

시작 전 한 발을 더 내디뎌볼 수 있다면, 한 번의 실패를 미리 예방할 수 있다. 지금 딛고 선 안전한 곳에서 좀 더 용감하게, 깊이 있게 실험을 해보자. 1인기업은 그렇게 만들어진다.

1인기업을 하기로 결정했다면,
그리고 지금 재직 중이라면
어떤 과정을 거쳐 독립할지
자신만의 로드맵을 그리는 것은 필수다.

원하는 시장에 어떻게 진입할 것인가?

초기 1인기업을 가장 어렵게 하는 것은 무엇일까? 아직 시작 전이라면 '시장 진입'이 가장 두렵고 걱정될 것이다. 도대체 어떤 과정을 밟아야 하는지, 누구의 도움을 받아야 하는지 쉽게 알기 힘들기 때문이다.

사실 이런 문제는 기존 경력자라면 비교적 간단히 해결할 수도 있다. 물론 경력자들이라고 시장을 다 이해하고 시작하는 것은 아니지만, 시장 전반의 프로세스를 이해하고 있다면 그래도 어디서부터 시작해야 할지 모르는 사람보다는 나으니까 말이다. 프로세스와 접근 루트를 안다는 것만으로도 남보다 훨씬 유리한 위치에서 시작하는 것은 사실이다. 어떤 분야든 초심자보다 경력자가 더 쉽게 시작할 수 있는 이유다.

원하는 시장에 진입하는 방법

그렇다면 신규 진입자의 경우는 어떻게 시장에 진입해야 할까? 강의 등 지식 기반 1인기업을 예로 들며 설명해보겠다.

먼저 강력한 아군의 도움을 받는 방법이 있다. 만약 운이 좋아 해당 분야의 전문가를 알고 있다면 일단 접근성이 훨씬 좋아질 수 있는 티켓을 얻은 것이라 할 수 있다. 강력한 아군이 모든 것을 대신해줄 수는 없지만, 이미 시장의 생리를 알고 그 시장에서 나름의 성과를 내고 있는 사람이라면 그가 알고 있는 것들을 조금씩 나누어준다 해도 큰 도움이 될 수 있다. 물론 먼저 그 사람에게 신뢰를 줄 수 있어야 한다는 전제가 따르겠지만 맨땅에 헤딩을 피할 수 있다는 것만 해도 어디겠는가.

두 번째는 자신이 가진 스토리나 성과로 기회가 찾아오게 만드는 방법이 있다. 예전에 국내 대기업 자동차 회사에서 퇴직 예비교육에 함께 참여했던 한 귀농·귀촌 전문가가 있었다. 그는 증권사 지점장 출신으로 귀농·귀촌에 성공했다는 독특한 스토리를 가지고 있었다. 이와 관련된 교육을 해보고 싶었던 그는 마침 그 무렵 귀농·귀촌과 관련된 책을 펴내게 되었다. 그리고 중장년 퇴직자의 재취업과 생애설계 교육을 담당하는 회사에 출간된 저서를 보내며 자신을 어필했다. 그 과정에서 소소한 미디어 노출 등이 겹치며 퇴직 교육에 참여할 수 있는 기반을 본격적으로 마련할 수 있었다. 자신의 경력과 현재 가진 것을 활용해 필요한 곳에 스스로 접촉하는 일종의 셀프 마케팅 활동을 한 셈이다. 최근에는 온라인에서 만든 지명도를 기반으로 이런 방법을 활용하는 사례가 꽤 된다. 이는 생각보다 강력한 진입 수단이 될 수 있다.

세 번째는 공개모집 형태의 접근 방법이다. 각종 기관에서 강사를 공개적으로 모집하는 경우가 종종 있다. 직업 관련 분야만 해도 50플러스센터나 공무원연금공단, 국민연금공단, 서울일자리센터 등 다수의 기관에서 공개모집 과정을 거쳐 강사를 모집한다. 자신이 어느 정도 실력이 된다면 이런 공개모집을 미리미리 준비해 진입을 시도하는 것도 훌륭한 방법이 될 수 있다.

그러나 정작 문제는 당장 의욕만 있을 뿐, 배경이 될 만한 경력이 많지 않은 경우다. 강력한 아군도, 자신에게 주목을 끌어올 만한 배경도, 그나마 공개모집에 도전할 만한 상황도 아니라면 이른바 '바닥부터 시작하는' 방법이 있다. 예를 들면 강의 경력을 만들고 실력을 쌓기 위해 봉사를 겸한 무료강의 등으로 접근 기회를 만드는 것이다.

사실 강의 시장 같은 경우는 어떤 식이든 경력이 쌓이면 그 경력의 질을 묻지 않는 경우도 많다. 물론 이것이 때로 공급을 양산하는 배경이 될 때도 있지만, 절박한 사람들에게는 시장 진입의 끈을 잡을 수 있는 중요한 방법이 된다. 문제는 이렇게 시작하는 경우 어느 정도 수입이 동반되는 궤도에 오르기까지 시간이 꽤 오래 걸릴 수 있다는 것이다. 그 과정을 줄이려면 앞에 언급한 다른 방법들을 입체적으로 함께 활용하는 것이 좋을 것이다.

자신만의 스토리와 꾸준함 살리기

최근 한창 잘나가는 유튜브 크리에이터 같은 존재라면 어떨까? 여기서도 물론 강력한 아군의 도움이나 자신이 가진 스토리의 활용은 강력한 이점이 된다. 하지만 그 외에도 극복해야 할 기본적인 진입 조건이 있다. 유튜브에서 광고수익을 창출하기 위해서는 구독자 1천 명과 연간 누적 시청 4천 시간이라는 허들을 넘어야 한다. 네이버TV에서는 블로그, 카페, 유튜브 등 다른 채널에서 자신의 구독자나 이웃 등이 100명 이상이라야 채널을 개설할 수 있고, 수익을 내기 위해서는 구독자 수 300명에 누적 재생 300시간이 필요하다. 카카오TV는 아직 채널 개설에 대한 조건이 없어 가입 신청만으로도 가능하다. 이런 영상 채널들은 일정 수준의 진입 조건을 달성하는 것이 관건인데, 대부분의 유튜버들은 진입을 위한 기본 조건이 '꾸준함'이라고 말한다.

사실 대중에게 특별한 존재, 예컨대 이름을 알 만한 연예인이거나 셀럽이 아닌 이상 사람들이 채널을 인식하기까지는 상당한 시간과 노력이 필요하다. 때로 그 과정은 터무니없이 멀어 보여 '방향을 잘못 잡은 것은 아닐까?' 하는 생각으로 회의에 들게 한다. 그러나 시장의 일정 반응은 그동안의 노력이 누적되어 임계치를 넘어야 가능하다. 어쩌면 포기하려는 그 순간이 시장이 반응하기 직전일 수도 있다.

결국 유튜버들이 시장의 반응에 일희일비하지 않고 꾸준히 업로드하려면, 그 콘텐츠들이 자신에게 즐겁고 소중한 것이어야 한다. 만약 그렇게 된다면 과정 자체를 즐기며 좀 더 오래 갈 수 있고, 시장이 인식해줄 때까지 지속할 수 있을 것이다. 물론 이런 콘텐츠들이 좀 더 빨리 인식되려면 사람들의 시선을 끌 만한 '독특함'이나 '재미 혹은 필요'가 있어야 함은 당연하다. 더 나아가 폭발적 반응을 얻으려면 실력과 운이 필요한데, 그러려면 꾸준함으로 미리 단련되어야 한다.

한편 온라인 판매 시장은 어떨까? 한 통계를 보면 53%의 판매자가 6개월 이내에 오픈마켓을 떠나고 22%만이 지속적으로 매출을 올린다는 결과가 있다. 결국 여기서도 성과를 낼 때까지의 꾸준한 노력은 필수적이라는 이야기다. 다만 그 노력의 가치는 각자의 수준에 따라 질의 차이가 심하게 날 수 있다. 준비를 충분히 한 사람과 그렇지 않은 사람의 결과가 같을 리 없다. 제품 판매의 경우라면 저렴한 사입 루트를 확보하는 것은 물론이고 같은 제품이라도 그 제품을 돋보이게 만드는 운영자의 노력이 어우러져야 한다.

모든 영역에는 저마다 진입에 따른 장애들이 존재한다. 시장을 깊이 이해할수록 장애물 사이에서 더 많은 틈새를 볼 수 있다. 무엇이든 어려움을 극복하려면 그만큼의 땀과 노력이 동반되어야 함은 당연하다.

오른쪽의 표는 이번 장에서 다루었던 1인기업 시장에 진입하기 위한 7단계의 확인 사항을 정리한 것이다. 질문에 답하며 자신의 상황을 점검하고 부족한 점을 확인해보자.

나만의 콘텐츠와 콘셉트는 무엇인가?	콘텐츠:
	콘셉트:
나는 어떤 역량이 강한 사람인가?	(예: 기계·도구, 사람, 아이디어·예술적 창의성, 자료·정보·숫자, 말하기·쓰기·활동하기)
나의 고객은 누구인가?	1차 고객(예: 기업교육팀, 인사팀):
	2차 고객(예: 퇴직예정자, 중장년재직자):
일할 자격을 어떻게 증명할 것인가?	스스로 만든 실적:
	학위·자격증:
	평판에 기반한 추천:
나를 도와줄 사람이 있는가?	일을 줄 수 있는 네트워크:
	활동을 지원할 네트워크:
퇴사 전에 준비해야 할 것은 무엇인가?	전문성:
	평판:
	로드맵:
	실험 경험:
원하는 시장에 어떻게 진입할 것인가?	지원 네트워크 활용:
	셀프마케팅:
	공개모집 참여:

예비 사회적기업 '담심포'
박귀선 대표

경력단절 여성에서 바느질 인형을 만드는 공예가로 ————————
태교인형, 애착인형을 만드는 1인기업으로, 현재는 경력단절 여성을 위한 사
회적 공예 기업 담심포에 집중하고 있다.

Q 어떤 일을 하시는지 간단히 설명 부탁드립니다.

A 태교인형, 애착인형 등 공예를 활용한 제품을 개발하고 교육합니다. 장
   애인들을 위한 촉각인형도 준비 중이고요. 2019년 사회적기업가 육성
   사업에 선정되어 사회적 경제에 대한 교육을 받으며 사회적기업을 준비
   했고, 2019년 12월에 예비 사회적기업으로 전환했습니다.

Q 왜 1인기업 창업을 결심하게 되었나요?

A 원래는 캐릭터 디자이너로 일하다 출산과 육아로 경력이 단절되면서,

육아를 병행하며 컨트롤할 수 있는 일을 해야만 했기에 1인기업으로 창업했습니다. 서른셋 무렵이니 비교적 일찍 시작한 거죠. 꼼꼼한 바느질보다 쉽게 빨리 만드는 것에 포인트를 두었습니다. 디자인 실력이 바느질보다 낫다는 판단에 디자인 감각을 최대한 활용한 것이 시장 개척의 포인트였죠.

Q 창업 준비에 어느 정도의 시간과 노력이 들었나요?

A 저는 연년생을 출산하며 경력이 단절되었고, 그래서 공예를 시작했습니다. 아이들의 인형과 장난감을 만들어주며 온라인 카페와 블로그에 소개했고 홍대 프리마켓 활동도 했습니다. 그 기간이 창업을 준비한 기간이라고 할 수 있을 것 같습니다. 둘째 아이가 두 돌이 되었을 때쯤엔 직접 자원해서 문화센터 강의를 얻어냈고 책을 쓰기 시작했어요. 지금까지 총 4권 정도의 책을 냈는데 공예가로서의 스펙을 위한 좋은 디딤돌이 되어줬습니다. 2006년 초에 쇼핑몰 꼼지닷컴을 오픈했으니, 창업에 대략 2년 정도 걸린 셈입니다.

Q 일을 시작할 때 배우자의 수입이나 일을 줄 만한 업체 등 기댈 곳이 있었나요?

A 온라인 카페에서 첫 주문을 받고 사업을 시작하게 되었죠. 적은 물량이라 수입이라고 하긴 그럴지만 재료비와 개발비 정도는 되었던 것 같아요. 다행히 그때 신랑이 직장을 다니고 있었어요. 한동안은 문화센터 강

의가 주 수입이었고 쇼핑몰 수입은 처음엔 거의 없었어요. 방송에 소개되기 시작하면서 쇼핑몰에서 수익이 발생하게 됐어요.

Q 창업 후 얼마 만에 안정적인 수입이 생기기 시작했나요?

A 문화센터에서 제 강좌가 인기강좌였어요. 태교강좌였죠. 출산용품을 만드는 실용적인 강좌였기에 임산부들이 많이 수강했어요. 마침 강좌를 진행하는 동안 『첫아이 선물 DIY』라는 책을 출간했고 반응도 좋았아요. 현대백화점 신촌·무역·목동점과 롯데백화점 본점 등에서 임산부 태교 강좌를 진행했어요. 문화센터에서 강의하고 1년 정도 지나자 수익이 괜찮아졌어요. 그땐 쇼핑몰 수익보다 문화센터 강좌가 더 수익이 많아 강의를 많이 했죠. 강의료와 재료비 등이 주 수입원이었던 거죠.

Q 1인기업이 궤도에 올라설 수 있었던 결정적 원인이 있을까요?

A 사실 운이 좋았던 것 같아요. 비법닷컴이라는 곳에서 초기에 유료 동영상 강좌를 촬영했어요. 20개 정도의 영상을 제작했는데 실제 수익은 별로 없었어요. 처음엔 돈도 안 되는데 이걸 왜 찍었을까 싶기도 했죠. 그런데 동아일보에서 비법닷컴을 통해 생활 공예에 관한 기사를 쓰고 싶다고 작가를 추천해달랬나 봐요. 그때 제가 추천을 받아서 전화로 인터뷰를 하고 기사가 나왔어요. 동아일보는 공신력이 있는 신문사니까 기사를 보고 또 방송국에서 연락이 와 여성창업, 주부창업을 다루는 콘셉트의 방송에 출연하게 됐어요. 그때부터 쇼핑몰 수익이 생기기 시작했

고, 시장 수요가 있다는 걸 깨닫고 적극적인 홍보를 하게 됐어요. 본격적인 쇼핑몰 수익이 증가하기 시작한 게 그때부터예요.

Q 1인기업을 운영하며 얻은 것과 잃은 것은 무엇인가요?

A 얻은 것은 많은 경험이겠죠? 쇼핑몰을 쉽게 생각하는 경우가 많은데, 제가 처음 시작할 때는 지금처럼 대중화되지 않아서 모든 것들을 직접 해야만 했어요. 1인기업이잖아요. 사진도 찍고 콘텐츠도 만들어서 쇼핑몰에 올려야 하고, 홍보도 하고 택배도 보내야 하고, 제품도 개발해야 하니까요. 반대로 잃은 것은…. 얻은 것들이 더 많긴 한데, 생각보다 초기에는 여유가 없었어요. 내 시간이나 여가활동을 할 시간이 부족했어요. 그런데 지금도 여전히 여유 시간은 별로 없어요. 늘 부족하죠.

Q 가장 힘들었던 에피소드가 있나요?

A 육아를 병행해야 하는 거요. 아이가 아프면 정말 힘들거든요. 한번은 아이가 아파 며칠간 잠을 못 잤어요. 그런데 잡지사 의뢰로 작업해야 할 일들이 있었는데 너무 피곤했죠. 쇼핑몰 응대를 포함해 모든 것들을 제가 해야 하니까 꽤 힘들었어요. 아마도 육아를 병행하는 엄마들에게 최대의 변수는 육아인 것 같아요.

Q 일상에서 스트레스나 피로를 극복하는 재충전 노하우가 있나요?

A 저는 그냥 잠을 자거나 여행을 가요. 혹은 제가 좋아하는 영화나 애니메

이션을 보거나 예쁜 카페에 가서 그냥 앉아 있어요. 요즘은 같이 활동하는 공예가들과 수다 시간을 갖기도 해요. 비슷한 고민을 하는 분들이라 같이 이야기하는 것만으로도 공감이 되고 위로가 되더라고요.

Q 일이 없는 날엔 주로 어떤 활동을 하나요?

A 주말엔 봉사활동을 해요. 시각장애 아동을 위한 교구가 부족하다 보니 교구를 바느질로 만들어주는 봉사활동을 하는데, 함께 책을 만들거나 아이들에게 공예에 대해 알려주기도 해요. 다행히 제가 기획력과 실천력이 있는 편이에요. 호기심도 많고요. 물론 좋아하는 영화도 보고 쇼핑도 하고. 참! 아이들 교복도 빨아요. 이게 주말에 하는 일 중에서 가장 중요한 일이에요. 1인기업가이자 주부로서 일과 모든 활동을 잘할 수 없으니…. 일 잘하는 엄마의 좋은 점과 부족한 점이 분명 있는데 아이들이 잘 이해해주는 듯해요.

Q 자신만의 1인기업 운영원칙이 있나요?

A 자기계발을 꾸준히 하고 트렌드를 읽을 수 있어야 해요. 트렌드를 잡으려면 시장을 잘 읽어야 하고요. 대부분 저희 같은 1인 공예가들은 시장이 작아요. 그 시장이 어떻게 움직이는지, 무엇이 변하고 있는지 잘 파악해야 하죠. 특히 마케팅이나 홍보의 방향이 더욱 그래요. 자신의 공방을 알려야 하고 수업과 제품도 알려야 하는데, 수익이 낮다면 광고비를 지불하기는 힘들죠. 그런 경우 블로그, SNS 등 무료 플랫폼을 이용해서

창업 비용 2만 원, 1인기업으로 살아남기

자신을 잘 홍보하는 것이 포인트인 것 같아요. 물론 콘텐츠가 좋아야겠지만요.

Q 전망 있는 1인기업 분야는 뭐라고 생각하세요?

A 강사, 유튜버, 공예가…. 공예 활동을 하시는 분들 대부분은 1인기업이라고 생각해요. 좀 거창하다는 느낌이 드는 용어이긴 하지만, 콘텐츠를 개발하고 수익을 창출하는 모든 과정을 대부분 혼자 하니까요. 저도 이 세 가지를 모두 하고 있는데, 어떻게 보면 핵심인 공예 활동 외에 강의와 온라인 활동도 필수인 것 같아요.

Q 지금 일과 관련해 어떤 미래를 꿈꾸고 있나요?

A 저는 오랫동안 공예가로 활동했어요. 강사로 제품개발자로, 쇼핑몰을 운영하고 책을 출간하고 공예가라면 할 수 있는 거의 많은 것들을 해봤어요. 공예가를 양성하면서 제일 필요한 게 공예가들에게 제공하는 정보였어요. 그 정보는 기존의 정보들과는 다를 수 있어요. 그래서 예비 사회적기업의 이름은 '공예학교 담심포'입니다. 공예가들을 위한 학교지요. 창업하는 분들에게는 여러 가지 창업 교육들이 필요하잖아요. 공예가들에게도 공예가를 위한 전문 교육이 필요하다고 생각해요.

공예가들은 대부분 혼자 작업하다 보니 조용하고 내성적인 분들이 많아요. 조용히 공방을 오픈해서 운영하죠. 공방을 운영하려면 여러 가지 필요한 정보가 많지만, 공예만 알고 운영이나 요즘 정책에 대해선 뭐가 필요한지 어디서 배워야 하는지도 모르는 사람이 많아요. 저도 그랬거든요. 지금 제 강점이 된 많은 경험 속엔 황당한 실패도 있어요. 몰라서 그랬죠. 어디 물어볼 데도 없고. 그런데 이런 것들을 배우지 않으면 강사는 남의 일만 해주는 도구가 되기도 해요. 강사들에게 일할 수 있는 기반을 만들어주고 싶어요. 저희 강사님들에게 새로운 제안이나 문의가 오면 그에 대해 저에게 물어보시는 분들이 많으세요. 제가 경험한 내용으로 말씀드리는 것들도 있고 주변 분들을 통해 확인해서 알려드리기도 하고요. 공예가들을 위한 교육, 세미나, 자료들을 찾고 공유하고자 해요. 그래서 공예학교 담심포가 꼭 성공해야 해요.

일과 관련된 방향성도 처음에는 제가 필요한 것 위주로 일해왔지만, 지금은 교구나 프로그램 위주로 갈 예정이에요. 제가 실패를 많이 해보고 워낙 이것저것 많이 만들어보는 편이라 이런 부분에서 강점이 있으니까요. 개인적으로 발달장애 아동 등 특수계층에 대한 공예 프로그램도 준비할 예정입니다.

Q 1인기업으로 살아남기에 가장 힘든 난관은 무엇이고, 그 어려움을 어떻게 극복할 수 있을까요?

A 1인기업의 장점은 곧 단점이 될 수도 있죠. 혼자서 모든 것들을 감당해야 한다는 것이요. 도움을 받을 수 있는 부분은 적극적으로 도움을 받고, 지원받을 수 있는 부분은 찾아서 지원을 받아야 해요.

창업 비용 2만 원, 1인기업으로 살아남기

Q 같은 분야의 신규 진입 희망자에게 해주고 싶은 말이 있나요?

A 지금은 공예와 관련한 쇼핑몰도 포화 상태입니다. 공예로 1인기업을 하신다면 공예의 기술적인 부분도 중요하지만, 경영과 마케팅에 대한 전반적인 학습이 필요해요. 요즘 공예 창업지원 프로그램들도 많으니 멘토링을 받거나 지원받으시는 것을 추천해요.

•

'모든 비즈니스는 고객을 돕는 사업'이라는 것이 올바른 명제라면,

나의 경쟁력은 고객을 돕는 힘에서 나와야 한다. …

내 목표는 경쟁자와 싸워 이기는 것이 아니라

내 서비스의 수혜자가 나에게 환호하도록 만드는 것이었다.

- 구본형, 『구본형의 필살기』 중에서

Part 4

운영단계:
성공적 운영을 위한
8단계 점검

찾아가는 게 아니라 찾아오게 하라

1인기업에 '일을 주는 곳'은 정말 소중한 존재다. 물론 서로의 필요에 의한 공생관계란 측면도 있겠으나, 일이 필요한 입장에서 나의 가치를 알아주고 맡겨준다는 것 이상 고마운 일이 없다. 그러니 일을 주는 곳의 의도를 잘 파악해 그만한 성과를 내는 것은 일하는 사람의 자존심이기도 하겠지만 나를 믿어준 사람에 대한 기본적 예의기도 하다.

다만 이때도 입장에 따른 차이는 존재한다. 내가 찾아가는 것과 나를 찾아오게 만드는 것의 차이는 자신이 제공하는 일의 가치는 물론이고, 향후 일의 진행과 관련해서도 위상을 달라지게 만들 수밖에 없다. 어떻게 하면 고객이 나를 찾아오게 만들 수 있을까?

직접 찾아가는 방식은 과연 도움이 되는가?

이제 막 시작하는 1인기업의 가장 큰 문제는 시장에서 충분한 힘을 쌓지 못해 거래처가 별로 없을 때 '어떻게 일을 얻을까?' 하는 것이다. 일을 주는 곳, 그것도 꾸준히 일을 줄 수 있는 곳이 많지 않을 때 1인기업의 불안감은 커진다.

나에게도 그런 때가 있었다. 처음에 기댈 곳이 있었다고는 하지만 사실 그것만으로 생계를 유지할 수 있다고 믿을 상황은 아니었다. 어떻게든 내 힘으로 기반을 넓혀가야 했다. 초창기의 이야기지만 지금 생각하면 아주 웃기는 발상도 했었다. 그중 하나는 구청 같은 공공기관들을 찾아다니며 교육 관련 담당자에게 직접 프로필을 전달하는 것이었다. 단지 몇 번에 그쳤긴 했지만 마치 영업직 사원이 제품을 팔러 다니듯 이런 시도를 했었다.

그러나 곧 나름의 결론을 얻고 그 과정을 그만두었다. 흔히 말하는 '쪽팔림'이 원인이었을까? 나는 그런 노력을 민망해하는 사람이 아니다. 나를 견딜 수 없게 만든 것은 그 노력의 '무의미함'이었다. 재미있게도 사람들은 쉽게 찾아온 것에 가치를 두지 않았다. 일을 주는 담당자에게 그렇게 찾아온 사람은 좀 심하게 말해 '잡상인'과 유사하게 보일 수 있다는 걸 얼마 지나지 않아 깨닫게 되었다. 몇 번의 시도 중에서 거의 한 번도 제대로 된 진지한 반응을 받아보지 못했다. 물론 그때는 내 경력이 일천해 보였을 수도 있다.

실제로 나중에야 업무 경험이 쌓이고 알게 되었다. 독립 전의 경험이 아마추어 야구와 같다면, 독립 후의 경험은 프로야구같이 생존의 문제와 직결된 치열하고 살벌한 시간이라는 것을 말이다. 그렇다 해도 찾아갔을 때 인상적으로 프로필을 받아주는 모습은 거의 본 적이 없다. 주변을 둘러봐도 이런 방식으로 크게 어필했다는 사람은 아직 만나보지 못했다.

자신만의 팬을 만들어라

한국의 대표적인 1인기업가 고 구본형 소장은 저서 『나 구본형의 변화 이야기』에서 대중이 자신에게 다가오게 만드는 향기 전략에 대해 이야기한다. 내향적인 성향 때문에 고민하던 그가 강점인 글솜씨를 활용해 사람들이 다가오게 만들었다는 내용이다. 실제로 현장에서의 경험을 통해 이런 전략이 훨씬 효력이 크다는 것을 배우게 되었다. 자신의 실력이 얼마나 좋은지가 쟁점이겠지만 1인기업에게 '내가 찾아가느냐, 그들이 나를 찾아오게 만드느냐'는 엄청난 차이가 있다.

요즘엔 많은 1인기업들이 찾아오게 만드는 전략의 일환으로 SNS를 활용한다. 4차 산업혁명 시대에 어울리는 1인기업의 트렌드라 해도 무방하다. 쉽지는 않지만 지상파 TV 방송에 출연하는 것도 대중에게 자신을 알리는 매우 강력한 힘이 된다. 그래서 인위적으로 이런 노력을 하는 사람들도 꽤 있다. 다만 이 경우는 워낙 제한적이고 또 성향에 따라 방송이 불편하다는 사람도 있어서 자신에게 맞는지 검토해볼 필요가 있다.

그럼 케이블 TV 방송은 어떨까? 위력은 나쁘지 않으나 조금 애매한 부분들이 있다. 한 예로 몇몇 케이블 TV의 방송 출연료는 거의 교통비 수준 정도로 책정된다. 수입과도 직결되는 '시간'을 포기하고 지명도 향상을 위해 출연하는 사람이 대부분일 텐데, 상당한 기간 출연했음에도 기대한 성과에 훨씬 못 미치는 경우를 종종 본다. 전략적으로 판단해야 할 문제다.

앞에서도 여러 번 언급했지만 1인기업이 지속적인 비즈니스를 위해 쓸 수 있는 가장 강력한 수단은 결국 '팬'을 만드는 것이다. 한 번 일하고 그 기관의 담당자가 팬이 되게 하거나 강의를 들은 사람들이 팬이 되어 다시 나를 요청토록 하는 것이 가장 이상적이다. 팬들은 언제 어느 때고 도움이 된다. 얽히고설킨 세상이다 보니 전혀 의도치 않았던 상황에서 나의 가치가 드러나고 기회를 얻게 도와준다. 누군지도 모르는 이의 추천 덕분에 업체에서 연락이 오면 고마움을 표시해야 할 사람의 정체를 몰라 미안하면서도 뿌듯한 마음이 들었다. 비즈니스의 고객을 팬으로 만들었을 때, 그리고 팬층이 두꺼워질 때 1인기업은 강력한 비즈니스 기틀을 가지게 된다.

평판자본을
만들어라

반복거래와 유사한 이야기지만 조금 다른 각도에서 이야기를 하나 더 해보자. 앞에서도 잠깐 언급했지만 일하면서 가장 기분이 좋을 때는 내 강의를 들었던 누군지도 모르는 사람이, 그것도 복수의 추천자들이 나를 추천했다며 교육담당자가 연락을 줄 때다.

예전에 한 기관에서 재취업 분야를 강의해줄 '쓸 만한' 강사를 찾고 있었는데 누군가 나를 추천했다고 한다. 리스트에 넣어놓고 다시 사람들에게 추천을 받았는데 다른 사람이 또 나를 추천했다고 한다. 평소 강사에게 꽤 까다로운 사전 검증을 요구하는 담당자였지만 이미 그 담당자는 내가 꼭 강의해주기를 바랐다. 여기서 재미있는 사실은, 나를 추천한 사람 중 한 사람은 잘 아는 사람이었지만, 다른 한 사람은 나에 대한 사람들의 평가만 듣고 움직였다는 것이다. 이게 바로 '평판'의 위력이다.

평판은 어떤 한 사람에 대해 주변 사람들, 더 넓게는 세상이 내리는 평가다. 눈에 보이지 않아 소홀하기 쉬운 이것은 의외로 세상에서 대단한 위력을 발휘한다. 그래서 사람들은 평판을 흔히 '사회적 자본'의 하나라 말하기도 한다. 세상이 아무리 발달해도 타인에 대한 '신뢰'는 여전히 쉽게 생기지 않는 것이고, 직접 겪어보지 않는 이상 누군가를 판단하기는 어렵다. 이때 그 대상을 이미 겪어본 사람들의 평가는 대단히 중요한 정보가 된다. 그 정보들이 모여 구축된 하나의 사회적 이미지가 바로 평판이다. 평판은 일이나 다른 중요한 영역들에서 본인에게 유리한 판단을 효율적으로 내릴 수 있게 도와준다.

반복거래를 이루는 평판의 힘

사람들이 명품 브랜드를 선호하는 이유는 이미 쌓인 평판에 기반한다. 대부분의 기업은 브랜드 평판에 사활을 건다. 개인들 역시 마찬가지인데, 널리 알려진 사람은 그 지명도만으로 무엇을 하건 유리한 세상이다.

앞에서 이야기했듯이 1인기업에게 가장 중요한 포인트는 한 번 잡은 기회를 잃지 않고 다음 비즈니스로 연결하는 것이다. 그러려면 기회가 왔을 때 좋은 결과를 냄으로써 '이 사람은 믿고 맡길 수 있다'는 신뢰를 쌓아야 한다. 이제 알 만한 사람들은 모두 평판의 위력을 인정한다. 평판이 있는 1인기업은 살아남고, 그렇지 않은 1인기업은 점점 어려워진다. 그 중요성이 점점 커지면서 평판을 조작하는 일까지 생기기도 한다. 각종 매체나 인터넷에서 쉽게 찾아볼 수 있는 광고성 포스트나 댓글이 그런 유형 중의 하나다.

평판은 자신이 만드는 것이지만, 실은 어디서부터 손을 대야 하고 어떻게 관리해야 할지 난감할 때가 많다. 그 중요도를 알아도 생각보다 다루기 까다롭다. 다행히도 나는 '평판 관리'란 분야에 관해 강의할 기회가 있어 나름 깊은 고민을 했었고, 이를 내게도 적용하기 위해 아주 간단하지만 명확한 두 가지 원칙을 마련했다. 일견 사소해 보일 수 있는 이 두 가지는 일할 때 바람직한 평판을 형성하는 지향점이 되어주었다.

1. 일하면서 최소한의 성과는 당초에 의도했던 만큼 결과가 나오는 것이다. 반면에 최대한의 성과는 어떤 식으로든 기대치 이상의 결과를 만들어주는 것이다. 기대했던 것 이상의 성과

가 나온다면 고객은 나를 신뢰할 수밖에 없다.

2. 평판은 남들이 만들어주며 스스로 자란다. 그러나 그 씨앗은 내가 뿌리는 것이다.

첫 번째 원칙에서 '기대치를 넘어서는 것'은 사실 쉽지 않다. 그러나 이를 마음에 새기고 있으면 어떻게든 자신이 하는 일의 양이나 질적 측면에서 남들과 다른 차별점을 만들고 싶어진다. 때로 일에 묻혀 곧잘 잊어버리기도 하지만, 이 원칙을 기억하고 수시로 떠올린다면 익숙한 일을 발전 없이 일상의 습관처럼 기계적으로 하는 상황은 줄일 수 있다.

두 번째 원칙은 결국 일상의 태도로 귀결된다. 평판은 평소에 하는 작은 행동, 동료들과 일할 때의 태도 같은 사소한 것들이 누적되어 만들어진다. 그래서 아주 작은 일도 조심하며 신경을 써야 한다. 우리는 늘 누군가와 함께 살고 서로서로를 지켜보고 있다. 매번 남의 시선을 신경 쓰며 살 수는 없겠지만 늘 혼자 살고 있다는 듯이 행동하는 것도 곤란하다. 수많은 상담을 하다 보니 대부분의 사람들은 일할 사람을 고를 때 특히 까다로운 잣대를 들이댐을 알 수 있었다.

현재 나는 주로 일을 받는 입장이지만, 종종 혼자서 처리하지 못할 규모 있는 프로젝트를 맡아서 다른 사람들에게 강의를 나눠주기도 한다. 그렇게 일을 진행하다 보면 이따금 강의 역량 외의 문제들과 부딪히게 된다. 이럴 때 판단의 기준은 그 사람이 지금까지 알게 모르게 쌓아온 평판을 근거로 한다. 아무리 능력이 있어도 막상 평소에 일할 때 안 좋은 모습이 기억에 남아 있다면 늘 섭외에서 후 순위일 수밖에 없다. 일을 주는 사람이라면 누구라도 그럴 것이다.

맡은 일의 대가가 비싸든, 저렴하든, 혹은 무료거나 현장준비가 전혀 안 되었더라도 당신의 책임 아래 진행된 일은 결국 당신의 평판으로 남게 된다. 1인기업이 어떤 일도 소홀히 할 수 없는 이유가 이 때문이다.

반복거래의 힘을 키워라

　　1인기업뿐 아니라 모든 기업에도 똑같이 적용할 수 있는 이야기겠지만, 기업에 가장 중요한 고객은 누구일까? 바로 '단골' 혹은 '팬'이라고 일컫는 '충성고객'일 것이다.

　1인기업으로 일할 때면 도대체 언제 어디서 일이 들어올지 모른다는 것이 가장 난감하다. 그러니 이제 막 시작하는 1인기업이라면 더욱 핸드폰의 울림에 곤두서게 된다. 이런 상황은 누구나 겪는 일이라 경력이 있는 나도 언제 올지 모르는 연락을 항상 염두에 두고 있다. 내가 일하는 직업상담과 생애설계 분야에 전문가가 나뿐이겠는가.

중요한 점은 처음 일을 받는 과정이야 이렇듯 비슷할 수 있지만, 그다음 과정부터는 격차가 벌어지기 시작한다는 것이다. 바로 '반복거래(repeat business)'가 가능한가의 문제인데 이를 통해 그 1인기업의 생존 가능성을 점쳐볼 수 있다. 예를 들어 시작한 지 얼마 되지 않아 우연찮게 회사나 기관에서 강의할 수 있는 기회를 얻게 되었다고 가정해보자. 그런데 그 강의에 대한 피드백이 나빴다면 그다음 기회가 존재할까?

한 기관에서 교육을 담당할 때, 지인의 소개로 처음 만나는 강사를 초빙한 적이 있었다. 인간성은 좋아 보였는데 결정적으로 전혀 답이 나오지 않는 수준으로 강의를 진행하고 말았다. 이후 온라인 SNS나 오프라인에서 지속적으로 연결되었지만, 교육의 결과를 책임져야 하는 담당자의 입장에서 그 사람에게 또 기회를 줄 담력은 없었다.

한 번의 기회로 '다음'을 만들어야 한다

1인기업은 모두 칼날 위에 선 사람들이다. 한번 삐끗하면 다음은 없다. 그러니 한 번 주어진 기회를 반드시 반복거래의 기회로 삼아야 한다. 지속적으로 기회가 들어오며 반복해서 일을 주는 과정이 쌓이고 신뢰가 생기면 단골이 되는 것이고, 그 건에 대해

대체할 이를 생각하지 않는다면 충성고객이 되는 것이다. 한 해, 두 해 이런 반복거래가 누적되면 이런 거래처들은 곧 슈퍼고객이 된다. 유사한 과정이 많이 쌓일수록 그 1인기업의 기반은 탄탄해진다.

그러니 운영과정에서 자신의 업무성과에 대해 다시 한번 돌이켜보는 것은 필수다. 그를 통해 무엇이 잘되었는지, 혹은 반대로 무엇이 잘못되었기에 반복거래가 되지 않는 것인지를 확인하고 고칠 수 있어야 한다. 시간이 지났는데도 힘이 쌓이지 않는 1인기업은 결국 반복거래에 문제가 있다는 것이고, 이런 경우 매번 새롭게 시작해야 한다는 어려움에 직면할 수밖에 없다.

개인적으로 전체 거래량에서 반복거래와 신규거래가 7:3 비율로 조합되는 것을 선호한다. 누적된 반복거래 비율이 전체 거래량의 70% 정도가 되면 일거리를 걱정하지 않아도 된다. 거기에 30% 정도의 신규거래처가 만들어진다면 적절한 흐름이 형성된다. 반복거래처라 하더라도 시간이 지나면 관계나 상황에 변화가 생길 수 있다. 그러니 신규거래처가 반복거래처로 편입되고 새로운 거래처가 계속해서 개발되는 지속적인 선순환 구조를 만드는 것이 좋다.

혹시라도 오해하는 사람이 있을지 몰라 하나만 더 이야기하겠다. 반복거래라고 해서 제공하는 서비스마저 발전 없이 똑같은 것만 반복한다면 어떻게 될까? 거래처와의 관계는 얼마 못

간다. 담당자에게 '발전이 없는 사람'이라고 찍히기 십상이다. 꾸준하지만 점진적으로 변화를 만들어가는 것도 반복거래를 위한 중요한 힌트임을 잊지 말자. 반복거래가 되지 않는다면 그 사업은 이미 적신호다. 반드시 그 원인을 찾아 해결해야 한다.

끊임없이 변화에 발맞춰 혁신하라

1인기업의 가장 큰 장점은 무얼까? 바로 '빠르게 움직일 수 있다'는 것이다. 달리 말하면 변화에 대해 다른 형태의 기업보다 더 용이하게 대응할 수 있다는 것이다.

1인기업 초창기에 나는 중장년의 재취업에 가장 집중했다. 그러다가 서서히 시대 변화에 따라 재직자 및 퇴직자의 생애설계가 중요한 이슈가 되었고, 내 업무에서 그와 관련된 일은 50% 이상을 차지하게 되었다. 따지고 보면 직업 분야는 생애설계와 겹칠 수밖에 없는 영역이기도 하다.

일하는 형태도 많이 바뀌었다. 일방적으로 강의만 하던 것에서 지금은 일부 퍼실리테이션(facilitation, 대화를 통해 이해하고 공감함으로써 문제를 해결하는 행위)적 요소를 가미해 참여식 강의를 진행한다. 최근에는 비대면 환경이 급증해 온라인 화상 컨설팅이나 화상면접, 온라인 강의를 진행하기도 한다. 홍보하는 수단에도 변화가 있었다. 초창기에는 블로그와 카페를 주로 활용했다가 한동안은 다시 책 집필에 집중하기도 했다. 현재는 브런치를 중심으로 하되, 유튜브도 활용을 모색하고 있다.

상황에 맞게 끊임없이 변화해야 한다

강의나 컨설팅의 내용 역시 새로운 시대 흐름이 생기면 그에 발맞게 조금씩 조정하는 것이 일반적이다. 이는 일부 분야에만 국한된 이야기가 아니다. 기본적으로 어느 정도 활동력 있는 1인기업은 모두 마찬가지다. 특히 IT 분야에서 일하는 사람들은 늘 '새로움'에 적절히 대응해야 한다. 가장 빨리 변화하는 영역 속에서 살아가야 하는 그들에게 변화는 숙명과도 같다.

1인기업은 대개 새로운 것에 열려 있긴 하나, 새로운 방향성을 마냥 달갑게 여기지만은 않는다. 일찍이 찰스 핸디는 저서 『코끼리와 벼룩』에서 변화에 대한 인간의 반응을 탁월한 표현으로 지적한 바 있다.

우리들이 다섯 살이 되기 이전에 발생한 테크놀로지의 변화는 하나의 규범으로 정착된다. 서른다섯 이전에 발생한 테크놀로지는 우리를 흥분시키고 새로운 가능성의 문을 열어준다. 그러나 서른다섯 이후의 테크놀로지는 우리를 당황하게 하고 난처하게 한다.

기술의 변화는 IT 영역을 넘어 모든 사람들에게 영향을 미친다. 그것이 직업을 바꾸고, 사회를 바꾸고, 삶의 방식을 바꾸기 때문이다. 변화의 영향을 덜 받을 수 있다고 믿는 것은 그저 개인의 착각일 뿐이다. TV 방송에 나오는 자연인처럼 문물과 떨어져 살 생각이 아니라면 말이다.

어렵고 부담스럽겠지만 "지금보다 더 나은 방법은 없을까?" "당연히 고려해야 하는데도 놓치거나 무시하고 있는 변화는 없는가?"라는 질문을 스스로에게 할 수 있어야 한다. 내겐 유튜브가 그랬다. 영상화된 시대에 나를 효과적으로 어필할 수 있는 수단이었기에 부담스러웠지만 결국 시작했다. 아직 성과도 미미하고 여전히 영상에 대한 부담감도 있지만 적어도 영상 콘텐츠를 직접 경험해보며 새롭게 배우게 된 것들은 많았다.

현시대는 모든 일을 혼자 다 처리해야 하는 세상이 아니다. 함께할 시스템과 사람이 무궁무진하다. 이를 잘 활용한다면 변화라는 관문을 보다 쉽게 넘어갈 수 있다. 나 역시 처음에는 수익이 나지 않는 영역에 비용을 지불하고 주변 사람들의 도움을 받기도 했다. 그 노력과 도전을 통해 얻은 건 무엇보다 "기계와 친하지 않아도 할 수 있구나!"라는, 돈보다 귀한 자신감이었다.

조금 더 도전적인 사람에게는 오늘날의 변화하는 시대야말로 의미 있는 최상의 결과를 만들어내기 좋은 기회일지도 모른다. 혹시 익숙함이라는 방패 뒤에 숨은 채 자꾸만 다가오는 변화를 불평하면서 이미 시대를 거스르고 있는 건 아닌지 생각해봐야 하지 않을까?

코로나 시대의 변화를 만나다

2020년 한국을 비롯한 전 세계는 갑작스러운 코로나 사태를 맞이했다. 생전 처음 보는, 이 지독한 바이러스는 겨우 반년 만에 많은 것을 급속도로 변모시키고 있다. 1인기업은 이 상황에 어떻게 대처해야 하는 걸까?

우선 코로나 사태가 몰고 온 변화를 살펴볼 필요가 있을 것 같다. 코로나 하면 제일 먼저 무슨 단어가 떠오르는가? 내 머릿속에 꼬리표처럼 떠오르는 단어는 바로 '언택트(untact)'라는 신조어다. 개인적으로는 코로나를 '고립의 바이러스'라고 부르곤 한다. 사람과 사람 사이를 이렇게 절묘하게 떼어놓을 수 있는 존재가 또 있을까 싶다. 이 존재는 사람들 간의 접촉을 무서운 속도로 줄이고 있다. 그 덕분에 안 그래도 사람들을 무서운 속도로 빨아들이던 인터넷은 이제 생존의 필수 경로가 되어버렸다.

당연히 이런 대세적 흐름에 올라설 수 있는 1인기업들, 예를 들어 프로그래머, 애플리케이션 개발자, 오픈마켓이나 온라인 스토어의 셀러, 구매대행 서비스 업자 등은 나쁠 것이 없다. 인터넷을 통해 사람들에게 즐거움을 줄 수 있는 유튜버나 웹툰 작가, 크리에이터 등도 상승세에 불을 붙일 것이다.

반대로 강의 같은 대면 업무를 중심으로 하는 사람들은 발등에 불이 붙고 말았다. 도무지 어쩔 수 없는 사태들이 수많은 1인기업들을 괴롭히고 있다. 나도 2020년 2월 중순부터 4월 중순까지 강의가 줄줄이 취소되어 '꼼짝 못 하는' 교착 상태에 빠졌었다. 간단한 상담 업무 몇 건 외에는 거의 모든 업무가 정지된 상황이었다. 여행이나 공연, 전시 등 다중 군집을 대상으로 일하는 많은 이들은 악전고투를 벌여야 하는 상황이 벌어졌다.

하지만 사람은 언제나 그렇듯 어떻게든 길을 찾아간다. 이 상황에 발맞춰 일어난 새로운 흐름이 그 빈자리를 대체하고 있는 것을 보게 되었다. 강의 시장을 예로 들면 온라인 강의가 부쩍 늘어났다. 온라인 스트리밍을 이용한 강의, 화상회의 애플리케이션 '줌(Zoom)'을 활용한 온라인 대면 강의, 영상을 미리 찍어놓고 반복해서 활용하는 동영상 강의 등이다. 그 외에도 컨설팅

역시 온라인 화상컨설팅으로 대체되고, 면접조차 온라인을 통해 화상면접이 진행되는 경우도 많다. 이 상황에 적응하기 위해 강사들은 또 한 번 새로운 도전에 가까운 변신을 하게 된 것이다.

솔직히 나는 이 과정이 불편하다. 얼굴을 맞대고 하는 강의와 컴퓨터 속에 있는 사람들을 대상으로 하는 강의는 느낌과 반응이 전혀 다르다. 그래서 나처럼 느끼는 어떤 강사는 요청이 들어와도 거절했다고 한다. 나는 불편하고 힘들지만 일단 일을 받았다. 이 또한 시작의 과정이고 대부분의 시작은 누구에게나 불편하니까. 그리고 이 낯선 과정을 극복하면 아마 또 하나의 경쟁력 있는 능력치를 얻게 될 것이다. 천만다행으로 한국의 코로나 상황은 다른 나라와 비교했을 때 양호한 통제력을 발휘하고 있다. 그래서 멈췄던 일들도 조금씩 진행되기 시작했다. 그 속에서 나는 또 나름의 미로를 헤쳐나가는 방법을 배우고 있다.

이해를 돕기 위해 개인적인 상황을 이야기하자면, 2020년 상반기에 거의 2개월을 쉬면서 '1인기업이 이런 시대에도 유지 가능한가?'라는 자문을 많이 하게 되었다. 모든 일이 줄줄이 취소될 때의 막막함, 불안과 회의, 스스로에 대한 독려가 뒤얽히며 힘든 시간을 보냈다. 다행히 4월부터 어느 정도 회복이 되었고, 5월부터는 예년과 비교하기는 힘들지만 생활이 가능한 수준으로 돌아올 수 있었다. 6~7월에는 기존 매출의 80~90% 수준 정도까지 다다랐으니 일단 충격에서는 벗어난 셈이다. 새로운 온라인 방식으로 일하는 와중에 기존 방식의 강의가 상당 부분 회복되며 만들어낸 결과다.

또다시 코로나 2차 유행에 대한 우려가 들려온다. 당연히 미래 상황을 추측하는 데는 한계가 있다. 지금부터라도 조금씩 사회가 안정되어간다면 가장 좋은 일이지만, 그렇지 않다 해도 교육과 강의 분야는 또 다른 방식으로 진화할 것이다. 적어도 나는 아직 그 흐름을 따라갈 용의가 있으니 그만큼은 견딜 수 있는 힘을 가졌다고 믿는다.

위기 속에 깨달은 것들

코로나 시대에 '직업'이라는 주제를 다뤄야 하는 나는 여러모로 고민이 많았다. 일단 내 자신의 상황만 해도 그랬다. 독립 후 만 6년의 시간을 견뎌내다 보니 어지간하면 혼자서 일해도 먹고사는 데는 별문제가 없겠다는 자신감을 갖게 되었다. 그때 마치 내 섣부른 생각을 비웃기라도 하듯, 전혀 예상치 못한 코로나 사태가 터진 것이다.

사실 코로나 사태는 워낙 예외적이고 전방위에 영향을 미치는 사안이라 다수의 1인기업들이 상당한 타격을 받았다. 물론 1인기업만의 문제는 아니다. 공공 영역 근무자들이나 일부 선망받는 기업에 재직하는 사람들을 제외하고, 대부분 경제활동에 어려움을 겪는 것은 마찬가지였다. 매출이 50% 이하로 내려갔다는 지인들도 꽤 많았다.

하지만 이 와중에 나는 1인기업의 두 가지 희망을 볼 수 있었다. 첫 번째, 1인기업은 구조적인 비용 지출이 많지 않기에 위기를 상대적으로 더 잘 견딜 수 있다. 만약 일조차 못 하는 상황에서 기약 없이 임대료 등으로 상당한 비용을 지출해야 했다면 일이 없는 것 이상으로 비용 지출에 고통을 받았으리라.

두 번째, 1인기업의 특성 중 하나인 빠른 변신이 역시나 이 어려운 시기에 빛을 발하는 것을 확인한 것이다. 앞에서 언급한 것처럼 온라인 기반의 다양한 변주가 곳곳에서 일어났다. 누군가는 유튜브로 전환했고, 또 다른 누군가는 온라인 중심의 강의에 발 빠르게 뛰어들었다. 확장성이 넓은 온라인과 변화가 용이한 1인기업이 만날 때 우리는 또 수많은 새로운 방식을 만들어낼 것이다.

생각해보면 사방의 모든 문이 닫히는 일은 드물다. 그저 당사자가 열린 문을 인식하지 못할 뿐이다. 적응은 어쩌면 열린 마음으로 변신하려는 노력일지도 모른다. 1인기업이 위기에 너무나 취약하다고 말하는 사람이 많다. 실제로 그런 경우도 많을 것이다. 그러나 기본적으로 경쟁력이 있고 변화에 능한 1인기업이라면 상대적으로 덜 다치고 회복이 빠른 것도 사실이다. 1인기업을 공무원과 비교하면 할 말이 없다. 그러나 보통의 직업이라는 좀 더 광범위한 기준으로 보면, 1인기업이라 해서 더 큰 타격을 받을 것 같지는 않다.

당신이 1인기업으로서 입지를 다지고 싶다면 평판으로 끌어 당기고, 실적으로 응답하고, 변신으로 적응하라.

현시대는 모든 일을 혼자 다 처리해야 하는 세상이 아니다.
함께할 시스템과 사람이 무궁무진하다.
이를 잘 활용한다면 변화라는 관문을
보다 쉽게 넘어갈 수 있다.

일상이라는 전투에서 승리하라

인간의 적응력은 놀랍다. 인간은 어떤 상황과 환경을 마주해도 곧 익숙해진다. 하버드대학교의 심리학과 교수인 대니얼 길버트에 따르면, 행복지수는 심지어 로또에 당첨되어도 3개월이면 원래 상태로 복구된다고 하니 인간의 적응력이 얼마나 뛰어난지 알 수 있다.

1인기업을 꿈꾸는 사람들에게는 몇 가지 로망이 있다. 자유로운 출퇴근, 가족과 함께하는 여유로운 여가, 일이 없는 대낮의 오후, 자신을 위한 여행 같은 것들이다. 나도 출근하지 않았던 첫날 직장인에겐 사치와 같은 한낮의 느긋한 산책을 즐겼다. 그 여유로 인한 즐거움은 꽤 컸지만 지금은 변했다. 요즘도 가끔 한 낮의 산책을 즐기지만, 솔직히 처음처럼 설레고 기쁘진 않다.

아이들과 함께하는 시간도 마찬가지다. 함께하는 시간이 많다는 건 달리 말해 부딪힐 시간도 많아진다는 뜻이고, 늘 즐거울 수만은 없다. 예전에는 몰랐던 것이나 몰라도 되었던 것을 알게 되면서 나는 잔소리꾼 아빠가 되곤 한다. 이러한 일상이 반복될 수록 예전보다 훨씬 많은 갈등을 만든다.

가족과의 관계를 생각할 때마다 몰입이론으로 유명한 미하이 칙센트미하이 교수의 실험 이야기가 떠오른다. 다수의 사람들에게 가장 행복한 기억이 무엇인지 물었더니 '가족과 함께 있는 시간'이라는 답변이 많았다고 한다. 칙센트미하이 교수가 실험대상자들에게 30분마다 울리는 알람을 주고 그때마다 하고 있는 일과 그 순간의 감정을 기록하게 했다. 어떤 결과가 나왔을까? 놀랍게도 사람들이 가장 힘들어하는 시간은 아이들과 함께 있는 시간이었다고 한다. 함께 있는 시간이 많다고 무조건 더 좋을 거라는 생각은 순진한 기대임을 알 수 있다.

아이들을 자주 보지 못해 사회적으로 가족과 함께하는 시간이 부족하다 여겼던 과거를 생각하면, 가족과의 관계를 최우선으로 두는 현대인들의 모습은 변화한 시대에 맞게 적응한 결과다. 이렇듯 일상에서 생겨나는 새로운 고민은 우리가 변화에 적응한다는 증거가 아닐까 싶다.

그저 흘러가는 일상이 되지 않도록

어쨌든 1인기업가에게 일상은 현실이다. 일이 있는 날은 대개 명쾌하게 지나간다. 2시간짜리건, 4시간짜리건 일이 있다면 이동해야 하고 그에 따른 준비를 하다 보면 하루가 금방 가곤 한다. 자신의 시간을 지혜롭게 관리하지 못하면 강의가 있는 날은 "어!" 하는 사이에 하루가 통으로 날아가기도 한다. 일이 있는 날 정신없이 움직이는 1인기업가들이 신경 써야 할 것은 '일과 일, 일과 이동 사이에 긴 짧은 시간'이다. 이 시간은 자칫 소홀히 여기면 손안에 든 모래처럼 허무하게 빠져나가기 쉽다. 일이 있는 날의 시간적 여유는 '긴 시간'을 어떻게 사용하느냐에 달려 있다고 봐야 한다.

1인기업 중 다수는 이런 시간을 휴식과 공부에 활용한다. 은퇴를 앞둔 사람들을 위해 퇴직자들의 삶과 일을 연구하는 한국은퇴생활연구소 박영재 소장은 이동 시 차를 거의 몰지 않는다. 차를 이용하면 이동 시간이 줄어든다는 것을 몰라서가 아니다. 시간이 더 걸려도 대중교통을 이용하면 틈틈이 피로를 덜 수 있고, 그 시간을 이용해 일정을 정리하거나 좋은 아이디어를 발굴할 수 있어서다. 그는 오랜 경험을 통해 조금 더 빠른 것보다 자신에게 정말 필요한 것을 찾았다.

이동 시간을 취미활동을 위한 시간으로 활용하는 사람도 많다. 나는 이동 시간에 독서를 자주 하는 편이다. 집이 인천이라 거의 종점에서 출발하는 경우가 많은데, 이때는 앉아 갈 수 있고 그 덕분에 독서의 질이 높다. 특히 아침에는 집중하기 좋다. 반면 저녁에는 책을 열심히 읽지는 못한다. 앉을 수도 없고, 밀려들어오는 사람들 속에서 책을 읽는 건 생각보다 도움이 되지 않는다. 그때는 차라리 음악을 듣거나 핸드폰으로 필요한 정보를 검색한다. 혹은 유튜브 같은 플랫폼을 통해 스낵컬처(과자를 먹듯 짧은 시간 동안 콘텐츠를 소비하는 문화)를 즐기며 여유를 찾기도 한다.

파트 2에서 소개한 유튜브랩의 강민형 대표는 이동 시간 중에 전자책으로 독서를 많이 한다고 했다. 그녀는 유튜브와 관련된 일을 하고 있으니 이동하며 유튜브를 시청하는 것도 시간을 유용하게 쓰는 방법일 것이다.

또 강의에 따라 여기저기 돌다 보면 아는 사람이 있는 지역을 지날 때가 많다. 그때가 그 사람을 만날 적기인 셈이다. 다만 미리 전화로 연락을 해두는 것이 좋다. 바쁜 사람에게 연락도 없이 찾아가는 것은 한 번쯤은 서프라이즈로 여길 수 있겠으나 자주 하면 실례다. 이러한 만남은 특별한 목적이 아니라도 좋다. 밥을 먹고 이야기를 나누기만 해도 의미가 있다. 1인기업에겐 사람과의 별 뜻 없는 만남이 그리울 때가 종종 있는데 나는 이런 방식으로 관계의 갈증을 채운다. 이때 기억해두면 좋은 것이 한 가지 있다. 그 사람에게 도움이 될 만한 것을 생각해보고 방문하는 것이다. 책 선물 같은 것도 좋고, 유형의 선물이 아니라도 '그 사람에게 유용한 정보' 하나쯤을 챙겨 가도 좋다. 의무는 아니지만 내 필요만 채우는 것은 미안한 일이기 때문이다.

일이 없는 시간을 보내는 방법

그럼 일이 없을 때는 어떻게 할까? 이때는 각 1인기업의 성향에 따라 확연히 다르다. 운동을 하는 사람도 있고, 그림을 그리며 마음을 다스리는 이도 있다. 이 외에도 글쓰기, 기타 강습, 손 글씨 연습, 도서관 활용, 낮잠, 드라이브 등 여가를 보내는 방식은 정말로 다양하다. 내 경우에 공식적인 일이 없는 날 업무 시간은 더 길어진다. 이때가 아니라면 글쓰기와 강의 준비에 따로 충분한 시간을 확보하기 어렵다. 여기에서 어떤 방식이든지 여유 시간을 활용하는 지혜가 필요하다는 데 주목해야 한다. 일이 없다고 무조건 재충전을 할 수 있는 것은 아니기 때문이다. 소비한 에너지를 다시 채우는 것은 자신의 성향을 이해하고 있는 스스로가 풀어가야 할 문제다.

일이 없는 날 1인기업가들이 공통적으로 하는 작업도 있다. 다음 일을 준비하거나 사람들을 만나 다양한 정보를 얻는 것도 그런 작업 중 하나다. 마치 직장인의 회식처럼 1인기업에겐 이런 과정이 필수는 아니지만 피할 수 없는 업무의 연장선이다.

끝으로 한 가지만 더 언급하자면, 일상을 잘 보내고 이겨내는 과정은 습관에 달린 경우가 많다. 이른바 '루틴(routine)'이라고 하는 것이다. 예를 들어 아무리 일이 바빠도 새벽 5시쯤에 일어나면 아주 특별한 상황을 빼곤 누구에게나 약간의 여유 시간이 생긴다고 본다. 그렇게 만든 시간에 습관적으로 글을 쓰거나 공부를 할 수 있다. 혹은 운동을 해도 좋다. 나는 아침 시간을 활용하는 습관으로 몇 권의 책들을 낼 수 있었다. 습관화된 루틴이 좋은 점은 노력하기 위해 에너지를 쓰지 않아도 된다는 것이다. 무의식처럼 그냥 그렇게 습관화된 과정 속으로 들어가면 된다. 물론 처음에는 의지를 가지고 습관으로 정착시켜야 한다. 그러나 일일이 의지를 발휘하지 않아도 되는 경지가 되면, 루틴은 삶에 긍정적인 도움을 주며 강력한 지원군이 되어줄 것이다. 물론 나쁜 습관처럼 반대로 삶에 장애물이 되는 경우도 있다. 없는 게 나은 습관도 존재하니까 말이다.

일상의 전투에서 승리하면 인생에서 승리할 가능성도 커질 수 있다. 대개 하루를 잘 보낸 사람들이 한 주 혹은 한 달, 나아가서는 인생을 잘 보낼 가능성이 커지지 않겠는가.

슈퍼고객이
1인기업의 힘이다

독립을 실행하기 전에 '얼마나 많은 곳에서 내게 일을 줄까?' 생각하면서 백지를 한 장 들고 책상 앞에 앉은 적이 있다. 이리저리 인연이 있는 곳과 인연이 없어도 한번 찾아가볼 수 있는 곳들을 적어봤다. 아주 낙관적으로 봤을 때 '전국에 직업 관련 기관이 수백여 개는 될 테니 그중에 10% 정도만 잡아도 되지 않을까?'라는 결론에 이르렀다. 지금 생각해보면 정말 터무니없는 가정이었다. 일이 어떻게 진행되고 주어진다는 것을 제대로 알지 못했으니까 나온 생각이다. 직접 해보지 않고선 알 수 없는 것들이 세상엔 꽤 많다.

꾸준히 일거리를 주는 슈퍼고객

한 강사에게 "일을 꾸준히 줄 수 있는 곳이 4곳만 있어도 견딜 수 있다."라는 말을 들었다. 나는 욕심을 좀 더 부려 '그럼 10곳 정도면 꽤 벌겠네.'라고 생각했던 것 같다. 그래서 이렇게 일을 줄 수 있는 곳을 '슈퍼고객'이라고 스스로 이름 붙였고, 이런 슈퍼고객을 몇 군데 구하는 것이 1인기업을 시작한 내게 최우선의 지상과제였다.

일할 때 가장 어려운 것은 대개 '처음을 열어가는 과정'이다. 처음부터 누가 슈퍼고객이 되어주겠다고 나서는 경우는 없으니까. 하지만 다행히 기존에 일하며 인연을 만들었던 곳들에서 조금씩 강의를 주었고, 그 강의의 평가가 새끼를 치고 일을 연결해주었다. 그렇게 인연을 유지한 곳들이 반복거래처와 비슷한 형태가 되었고, 몇 년의 시간이 지나자 이러한 고객들이 이제는 10여 곳을 넘어섰다.

1인기업이 대상으로 하는 고객은 크게 두 가지로 나눌 수 있다. 바로 공공과 민간이다. 일을 시작한 지 얼마 되지 않은 사람들은 잘 모르지만 정말 다양한 공공 영역에서 일이 발주된다. 그 분야 또한 다양하다. 목공예가로서 작품활동을 하며 1인기업으로 일하는 정희석 작가와 인터뷰를 할 때 실제 공공 영역에서 예술과 관련한 일을 발주하는 경우가 많다는 것을 알게 되었다.

즉 공공 영역의 업무 프로세스와 일이 나오는 루트를 알고 있다면 다수의 슈퍼고객을 만들 기회가 생기는 셈이다. 그렇다고 계속 공공 영역만 고집하면 곤란하다. 자신의 분야와 경력에 따라 차이는 있겠으나, 1인기업에게는 가능하다면 공공과 민간 영역의 고객군을 균형 맞춰 섭외하는 것이 훨씬 유리하다. 어떤 해에는 공공의 일이 많을 수 있고, 어떤 해에는 민간의 일이 주력이 되는 흐름이 될 수 있기 때문이다.

한 가지 더 확인하고 가자. 1인기업은 그 성질상 거래 방식으로 B2B와 B2C 모두 가능하다. 강의를 예로 들어보면 기관이나 기업을 대상으로 한 강의와 각각의 개인들을 대상으로 하는 강의가 있는 것과 같다. 둘 다 중요한 고객임에는 분명하지만, 1인기업이 더 중요하게 신경 써야 할 1차 고객은 누구일까? 비용의 지불이란 측면에서 보면 1차 고객은 당연히 기업이나 기관이 될 수밖에 없다. 수많은 1인기업들이 B2C에도 도전하지만, 설사 유명한 개인이더라도 어지간히 유명한 게 아니라면 개인들이 직접 고객이 되어 지갑을 여는 경우를 보기란 쉽지 않다.

강의 영역에서 강의 품질의 만족 대상과 마케팅 대상은 다르다. 강사가 다음 일을 받을 수 있는지와 관련한 성패는 강의에 참여한 개개인의 만족도에 달렸지만, 처음 일을 받기 위한 마케팅 활동의 대상이 되는 것은 기업이나 기관임을 기억해야 한다.

자신의 분야와 경력에 따라 차이는 있겠으나,
1인기업에게는 가능하다면 공공과 민간 영역의 고객군을
균형 맞춰 섭외하는 것이 훨씬 유리하다.

1 수익모델을 다양화하는 법

슈퍼고객이 있어 일을 꾸준히 얻을 수 있다면 만사가 해결될 것 같지만 실제로는 그렇지 않다. 여건이나 상황이 맞지 않아 주요 고객인 기관에 일이 많지 않다면, 혹은 어떤 사유로 슈퍼고객과의 거래가 단절되었다면 어떻게 해야 할까? 이런 일은 1인기업에게 비일비재하게 생길 수 있다. 결국 시장은 냉정하게 움직이는 것이고, 1인기업은 어떤 식으로든 자기 존재의 필요성을 끊임없이 증명해나가야 한다. 언제 찾아올지 모르는 변화의 위험에 대비해 준비해야 하는 것이 바로 수익모델의 다양화 작업이다.

돈 버는 방법은 하나만 있는 게 아니다

어린이 목재 장난감을 만들어 파는 1인기업 A와 B가 있다고 가정해보자. A는 장난감을 만들어 자신의 동네에서 판다. 지나가는 사람이 주요 대상이다. 그게 전부다. 아마도 A는 오래지 않아 일을 접을 가능성이 크다.

　이제 B의 사례를 보자. 1인기업 B 역시 매장을 운영하고 있다. 그런데 B가 매장에서 단순히 판매만 하는 것이 아니라, 지역 주민들을 대상으로 '목재 장난감 만들기' 교육을 한다면 어떨까? 부모 교육뿐 아니라 아이들이 부모님과 좋은 추억을 쌓도록 함께 장난감을 만드는 클래스를 운영할 수도 있다. 게다가 B는 자신의 작품을 온라인에서 판매하고, 필요에 따라 유튜브에 작품을 만드는 과정을 담은 동영상을 올려 수익을 창출한다. 온라인 활동으로 오프라인 수강생이 늘어나는 순환이 만들어질 수 있고, DIY 소품 같은 작품 재료 역시 중요한 판매품이 될 수 있다. 더 나아가 지명도가 올라가서 외부 출강까지 할 수 있다면 어떨까? 규모가 더 커지면 B는 좀 더 욕심을 내 민간자격증 과정을 만들어 운영할 수도 있고, 이러한 경력을 기반으로 조직을 만들어 비즈니스를 전개할 수도 있을 것이다. 또한 자신의 작품에 어울리는 또 다른 판매처를 발굴해서 제품 판매 네트워크를 늘릴 수도 있다. 만약 이렇게 B의 수익모델이 다양화된다면 어떨까? 한 곳에서 어지간한 타격이 와도 살아남을 수 있는 여지가 클 수밖에 없다. 실제로 이와 유사한 모델을 예술 관련 분야 1인기업들에서 간혹 발견할 수 있다.

사실 1인기업은 수익을 올리고자 한다면 정말 다양한 영역으로 뻗어나갈 수 있다. 나만 해도 강의를 하고 컨설팅도 하며 프로그램도 운영한다. 때로 원고를 써서 적은 금액이지만 수입을 만들고, 취업 관련 매뉴얼 제작 등을 요청받아 돈을 벌기도 한다. 동영상 콘텐츠를 만들기도 하고, 심사위원·전문위원·외부 면접관으로 위촉되기도 한다. 직접적인 수익은 아니지만 지금 운영하고 있는 SNS를 통해 상당한 간접적인 수익이 생기기도 한다. 아마 또 다른 방식의 수익모델도 얼마든지 가능할 것이다. 적극적으로 활동해 원하는 바를 이루는 과정이 없다면 우리는 오로지 고객의 처분만 기다리는 피동적 존재로 전락하고 만다. 그래서는 삶을 주도적으로 살아간다는 1인기업의 취지와 맞지 않는다.

지금은 인터넷이 다양한 비즈니스를 받쳐주는 지지대가 되고 있다. 인터넷상에서 어떤 콘텐츠로 사람을 모을 수 있다면 그 자체로 거대한 수익모델이 되기도 한다. 하지만 인터넷의 매력은 그러한 광고수익에만 있지 않다. 눈에 바로 보이지 않지만 인터넷을 기반으로 파생되는 위력은 엄청나서 그야말로 마케팅의 보고다. 그래서 1인기업에게 인터넷의 활용은 필수다. 즉 수익

1인기업 콘텐츠	수익모델
어린이용 목재 장난감	• 오프라인 판매 • 온라인 판매 • 오프라인 교육(부모 또는 자녀와 함께) • 외부강의 출강 • 인터넷 동영상 강의 • 민간자격증 개설 • 사회적기업 창업(수주 및 제안) • 오프라인 판매 네트워크 만들기 • 유튜브 운영
유튜브 운영 노하우	• 유튜브 운영 • 외부강의 출강 • 유튜브 창업 희망자 교육(B2B 또는 B2C) • 인터넷 동영상 강의 • 사회적기업 창업 • 자문위원, 전문위원, 전문가 위촉 등 • 유튜브 창업 컨설팅 • 온라인 마케팅 컨설팅

모델의 다변화 역시 인터넷에 기반한다.

제조를 하든, 예술을 하든, 글을 쓰든 마찬가지다. 1인기업이라는 타이틀을 가지고 있거나 만들고 싶다면 자신에게 가능한 수익모델이 몇 가지인지 한번 살펴보자. 그리고 유사한 1인기업들은 어떻게 수익을 다변화하고 있는지도 배워야 한다. 늘어나는 고객 수만큼, 늘어나는 수익모델도 곧 1인기업의 힘이 된다.

지속 가능 경영을 위해 건강을 관리하라

한때 지속 가능성이란 말이 유행했다. 원래는 생태계가 미래에도 계속 유지할 수 있도록 제반 요건을 갖추는 것을 말하는데, 기업에서는 '지속 가능 경영'이라는 슬로건으로 활용되고 있다. 이러한 지속 가능 경영은 1인기업도 신경 써야 할 부분이다. 자신의 지속 가능성을 확보하려면 어떻게 해야 할까? 전문성을 끝없이 개발해야 하고, 네트워크를 갱신하며 확장하는 등 수없이 많은 요소를 이야기할 수 있을 것이다. 그런데 만약 그 질문이 내게 주어진다면 가장 기본적인 부분으로 '건강 관리'를 이야기하고 싶다.

건강 관리는 기본 중의 기본이다

나는 살면서 수술 한 적이 2번 있다. 모두 정형외과 질환 때문이었는데 비교적 가벼운 수술이었지만 일에는 상당한 지장을 주었다. 특히 최근에 무릎 연골 쪽을 수술하고 활동성이 떨어지며 심리적으로도 위축되는 경험을 했는데, '이런 식이면 내가 이 일을 전혀 잘하고 있는 게 아니구나!'라고 자각하게 되었다.

'뭐 눈에는 뭐만 보인다'는 말이 있다. 그 후로 주변을 돌아보니 실제로 일은 잘하지만 스스로를 건강 한계치까지 대책 없이 밀어붙이는 사람들이 너무나 많았다. 물론 그들도 평소에 건강을 걱정하지만, 대개 눈앞에 닥친 위험이 아닌지라 늘 건강을 후순위로 밀어둔다. 그러다 결국 큰 타격을 받기도 한다. 이런 과정에 대해 한스컨설팅 한근태 대표는 저서 『몸이 먼저다』에서 아주 인상적인 구절로 표현했다.

운동할 시간이 없는 사람도 나중에 병원에 입원할 시간은 있다는 사실을 깨닫게 된다.

나이가 들어가면서 몸이 정신의 지배를 받는 존재만은 아니라는 것을 느낀다. 오히려 몸은 훨씬 더 높은 확률로 정신의 상태까지 결정하는 경우를 보게 된다. 건강이 나쁜 사람, 몸이 엉

망인 사람에게 좋은 생산성을 기대하는 것은 무리다. 사람은 몸이 힘들면 무언가를 받아들이고 이해할 그릇도 작아진다. 그나마 남은 에너지로 스스로를 추스르기도 숨이 차다 보니, 다른 사람에게 그 에너지를 쓰기는 더 벅차다.

대개 1인기업은 자신의 결정으로 일을 선택하는 경우가 많다. 그러다 보니 자연스레 일에 대한 집중도와 기대치가 높아진다. 누구의 핑계도 댈 수 없는 본인의 결정이기 때문이다. 따라서 자칫 과도한 자기 압박으로 이어지는 경우가 많다. 그러나 일 중독에 가까운 1인기업가들은 이런 인식을 잘 하지 못한다. 성공한 1인기업들이 어느 순간 허무하게 쓰러지곤 하는 이유다.

1인기업 시작 전이든 시작을 했든 몸을 챙기는 것은 기본이다. 굉장히 싫어하지만 도저히 외면할 수 없는 말이 있다. "네가 네 몸에 소홀히 한 만큼, 언젠가는 네 몸이 네게 복수할 것이다." 라는 말이다. 아파보면 어떤 다른 것도 소용이 없다는 것을 깨닫는다. 그런데 대개 이 깨달음은 늦게 찾아온다. 어느 순간 예기치 못하게 몸이 통제를 벗어나는 느낌이 들면 그때는 정말 어디서 시작해야 할지를 모르게 된다. 그러니 지금 당장 준비해야 한다. 철로 만든 기계라 해도 관리되지 않고 막 쓰면 오래갈 수 없다. 하물며 당신의 몸은 기계만큼 단단하지도 않다.

온라인 마케팅 '뉴미디어캠퍼스'
손정일 대표

마케팅 분야 베스트셀러를 펴낸 온라인 마케팅 전문가 ─────────
뉴미디어 마케팅 전문가 그룹인 뉴미디어캠퍼스 대표다. 그간의 경험을 바탕
으로 마케팅 분야 베스트셀러 『10억짜리 꼼수 소셜마케팅』을 썼다.

Q 어떤 일을 하시는지 간단히 설명 부탁드립니다.

A 온라인 마케팅 분야에서 교육 컨설팅을 하고 있습니다. 주로 대학생, 소
  상공인, 중소기업, 기관 등을 대상으로 강의하고 있어요. 관련 분야의 홍
  보대행 일도 함께 진행하고 있습니다.

Q 왜 1인기업 창업을 결심하게 되었나요?

A 1인기업을 하기 전에는 네이버, 다음, 벅스 등의 포털사이트를 대상으로
  콘텐츠(영화, 만화, 애니메이션, 운세 등) 유통과 운영사업을 진행하는 회사

를 운영했습니다. 저는 제휴마케팅을 주로 담당했는데, 대부분의 마케팅 파트너 제휴사들이 한두 명 일하면서 꽤 많은 수익을 가져가는 것을 보게 되었습니다. 마침 회사 운영이 조금 어려워진 상태라서 약 1년 동안 고민한 끝에 운영하던 회사를 정리하고 1인기업을 창업하기로 결심하게 되었습니다.

Q 창업 준비에 어느 정도의 시간과 노력이 들었나요?

A 운영하던 회사를 정리하고 1인기업을 창업하기까지는 약 3년 정도의 시간이 걸렸습니다. 그 기간 동안 1인기업과 관련된 여러 모임과 강의를 찾아다니면서 공부했습니다.

Q 일을 시작할 때 배우자의 수입이나 일을 줄 만한 업체 등 기댈 곳이 있었나요?

A 회사를 정리하면서 온라인 대형카페를 몇 개 인수해뒀던 상태라 어느 정도 수익 기반은 있었습니다. 사실 처음 몇 년은 지금과 같은 형태의 강의보다 온라인 카페와 블로그를 활용해서 수익을 내는 방식으로 1인기업을 시작했습니다.

Q 창업 후 얼마 만에 안정적인 수입이 생기기 시작했나요?

A 강사로 일한 지 약 2년 차부터는 급여라고 부를 만한 안정적인 수익 기반이 마련되었습니다.

Q 1인기업이 궤도에 올라설 수 있었던 결정적 원인이 있을까요?

A 저는 주변 여건이나 상황 때문에 운이 좋았습니다. 그 당시 제가 시작했던 카페, 블로그, 바이럴 마케팅 분야에는 강사가 거의 없었고, 몇 년 후에는 정부에서 여러 가지 정책으로 1인기업을 지원해줬습니다.

Q 1인기업을 운영하며 얻은 것과 잃은 것은 무엇인가요?

A 가장 크게 얻은 것은 평생 1인기업으로서 살아남을 수 있는 저만의 콘텐츠와 운영 노하우입니다. 잃은 것은 딱히 생각나지 않습니다.

Q 가장 힘들었던 에피소드가 있나요?

A 1인기업을 운영하면서 중간중간 별도의 작은 사업체를 운영했는데 잘되지 않아서 경제적으로 약간 힘든 시기가 있었습니다.

Q 일상에서 스트레스나 피로를 극복하는 재충전 노하우가 있나요?

A 코드가 맞는 사람과 대화하거나 충분히 잠을 자는 것입니다.

Q 일이 없는 날엔 주로 어떤 활동을 하나요?

A 1인기업의 특성상 일과 생활을 구분하기가 쉽지 않아서 일이 없을 때면 가까운 외곽에 드라이브를 가거나 카페에서 강의를 준비하거나 공부하는 경우가 많습니다.

Q 자신만의 1인기업 운영원칙이 있나요?

A 제가 잘할 수 있는 영역을 확보하고 나머지 부족한 부분은 주변의 잘하는 분들과 함께 만들어가는 것입니다.

Q 전망 있는 1인기업 분야는 뭐라고 생각하세요?

A 아무래도 제가 진행하고 있는 뉴미디어(정보통신의 발달로 생겨난 새로운 매체. 즉 SNS, 블로그, 인터넷 신문 등) 분야, 4차 산업 분야의 1인기업이 수요가 많고 전망이 좋다고 생각합니다.

Q 지금 일과 관련해 어떤 미래를 꿈꾸고 있나요?

A 지금처럼 제가 알고 있는 지식과 경험을 나눠서, 저와 제 주변의 사람들이 지금보다 나은 삶을 함께 살아가는 미래를 꿈꾸고 있습니다. 또한 이 분야의 1인기업 생태계 형성에 조금이나마 기여하고 싶습니다.

Q 1인기업으로 살아남기에 가장 힘든 난관은 무엇이고, 그 어려움을 어떻게 극복할 수 있을까요?

A 1인기업은 두 가지 상반된 의미를 포함합니다. 1인이라서 나만 잘하고 역량이 뛰어나면 그만큼의 이익을 얻을 수 있습니다. 반면에 1인이기 때문에 어느 정도 성장하다 보면 비즈니스 시장에서 경쟁력의 한계가 생겨납니다. 이런 경우에는 주변의 1인기업들과 협업함으로써 함께 경쟁력을 만들어가는 것이 좋은 방법이라고 생각합니다.

Q 같은 분야의 신규 진입 희망자에게 해주고 싶은 말이 있나요?

A 한 분야의 1인기업으로서 비교적 안정적인 기반을 마련하기까지는 상당한 시간과 노력이 필요합니다. 처음부터 그 부분을 충분히 인지해야 합니다. 빠르면 1년, 늦으면 3년 정도의 기간을 염두에 두고 계획한다면 조급함 없이 자신만의 1인기업을 구축할 수 있을 거라 생각합니다.

●

"평생을 알만 낳다 나중에 털 뽑혀서 먹히고….

그렇게 살다 죽고 싶어요?"

"어떻게 해요. 그게 우리의 팔자인데."

"그게 문제예요. 양계장 울타리가 여러분 머릿속에 있다는 것."

- 영화 〈치킨 런〉 중에서

Part 5

시작하는
1인기업을 위한
핵심 팁

일을 늘리는 법 1: 퍼스널 브랜딩

1인기업 관련해 일하다 보면 늘 부딪히는 문제가 있다. 바로 일에 대한 가격의 문제다. 강의 시장을 예로 들어보자. 꽤 오래전 재직 중이던 기관에서 섭외를 담당하고 있을 때, 유명인사를 섭외하라는 지시를 받은 적이 있었다. 지역 주민들의 적극적인 참여를 유도할 수 있도록 유명인이 강사를 맡았으면 좋겠다는 것이었다. 강의 시간은 1시간에서 1시간 반 정도이며 주어진 예산은 200만 원이었는데, 그 금액에는 대관 실비 등이 포함되어 있었다. 결국 강의를 해줄 유명인사는 200만 원도 채 받아가기 힘든 상황이었다.

우선 이름값 좀 하는 사람들을 물색했다. 당시에도 유명한 사람들은 한 회당 강의료가 1천만 원을 호가하고는 했다. 강의료를 예산에 맞추기 위해 '덜 유명하더라도 특색 있는 캐릭터'를 찾고자 동분서주해야 했다. 어렵게 있는 라인, 없는 라인을 모두 동원해 섭외한 분은 예전에는 꽤 유명했지만 당시에는 활동이 그다지 많지 않던 아나운서 출신의 강사였다. 분명 섭외할 무렵에는 활동이 많은 시기가 아니었는데, 섭외 요청에 응대하던 그녀의 말이 지금도 기억이 난다. "좋은 일 하는 셈 치면 되지요." 그 말에 고맙기도 했지만, 솔직히 꽤 심란한 기분이 들었다.

나는 당시에 꽤 방대한 강사 데이터를 가지고 있었다. 기존의 강의 인력풀에 있는 사람들의 시간당 단가는 10만~20만 원 사이가 다수였는데, 이분들로는 '유명인'에 대한 요구수준을 채우기 어려웠다. 그렇다고 사실 강의료가 저렴한 강사들이 강의료가 비싼 강사들에 비해 실력이 많이 떨어지지는 않았다. 결국 차이는 인지도, 즉 흔히 말하는 '퍼스널 브랜드(personal brand)'의 차이였던 것이다.

지금도 이런 현상은 여전하다. 아니, 유튜브 같은 미디어와 SNS의 발달로 좀 더 격화되었다고 보는 것이 맞겠다. 그래서 사람들은 자신의 이름값을 올리기 위해 오늘도 고군분투한다. 설사 돈이 되지 않더라도 자신의 이름을 알리기 위해 작은 방송, 신문, 잡지 등을 가리지 않고 받아들인다. 그럼 자신이라는 브랜드를 알리기 위해 사용할 수 있는 방법들로는 구체적으로 무엇이 있을까? 온라인과 오프라인으로 나누어 그 방법을 알아보자.

온라인 퍼스널 브랜딩

먼저 온라인을 살펴보자. 1인기업 온라인 마케팅은 대개 SNS에 의존한다. 이를 통해 네트워크를 확장시키는 것은 물론이고 자신의 브랜드를 알리곤 한다. 요즘은 SNS 중에서도 유튜브가 대세이긴 하나, 여전히 텍스트 기반의 블로그나 모임 활동을 위한 온라인 카페 등도 대중성과 힘을 가지고 있다.

내게 1인기업의 도구로서 기반이 되어준 SNS는 블로그였다. 블로그는 사람들이 자신의 전문성을 드러내기에 가장 적절하고 유용한 수단이다. 거기에 활동하는 카페나 개인의 페이스북까지 연동한다면 시장을 공략할 수 있는 큰 무기를 가진 것이나 다름없다. 사실 조금만 예전을 떠올려봐도 개인이 자신만의 홍보 수단을 가진다는 것은 대단한 일이 아닐 수 없다. 블로그는 그 자체로 전문적인 대중미디어다. 블로그를 기반으로 삼아 성공한 1인기업들은 수도 없이 많다. 잘나가는 1인기업 중 초창기에 블로그를 하지 않았던 사람을 찾는 것이 더 빠를 정도다.

전문적이지만 새롭고 참신한 글을 꾸준히 올릴 수 있는 사람은 이미 그것만으로도 자기 분야에서 좋은 입지를 구축할 수 있다. 그런데 블로그는 텍스트를 기반으로 하는 특성상 글을 쓰는 사람들에게 더 유리하다는 한계가 있다. 예컨대 언변이 뛰어나지만, 글을 써본 경험이 많지 않은 사람에게는 적응하기 힘든 관문으로 여겨졌다. 그렇기에 이런 이들은 간혹 동영상을 활용하곤 했는데 이제 이들에게도 유리한 시대가 도래했다. 바로 유튜브의 약진 덕분이다.

요즘 사람들은 사소한 궁금증이 생기면 블로그 대신 유튜브를 더 많이 본다. 소일거리 차원에서도 노소를 불문하고 이제 유튜브가 대세다. 블로그가 가진 텍스트의 진지함이, 과자를 먹듯 짧은 시간에 문화 콘텐츠를 소비하는 스낵컬처의 시대에는 어울리지 않는 도구로 느껴지는 것이다. 그래서 수많은 블로거들이 텍스트의 한계를 뛰어넘기 위해 고민하고 있다. 재미있는 것은 많은 블로거들이 글을 쓰는 재능은 뛰어나지만, 흥미롭게 말을 이끌어가는 상황에는 약해 유튜브에서 부진한 경우도 쉽게 찾아볼 수 있다는 점이다.

한편 최근 뷰티 또는 음식 관련 인플루언서들의 인스타그램 활용도가 매우 높아졌다. 인스타그램은 이미지 기반의 SNS로서 쉽게 정보를 제공하고 소비할 수 있다는 점에서 젊은이들의 감각에 최적화되어 있다.

그러니 제대로 된 SNS 마케팅을 꿈꾸는 이라면 스트레스를 받을 수밖에 없다. 늘 새로 나오는 매체와 환경에 적응하고 활용해야 하는 1인기업으로서는 상당한 부담으로 다가올 수 있기 때문이다. 따라서 SNS 마케팅에 대한 자신만의 확고한 기준이 필요하다. 텍스트 중심의 SNS 선호도는 확연히 줄어들긴 했으나 고정독자층은 여전히 충분하다고 본다. 영상에 익숙한 세대들을 위해 마케팅 영역을 넓혀가면 좋겠지만 죽어도 맞지 않는 것에 억지로 시간을 투입할 필요는 없다.

만약 변화의 수용이 필수적인 1인기업이라면 한 가지 제안을 할 수 있다. 세상의 모든 일을 혼자 해결할 필요는 없다는 것이다. 저렴한 비용으로 유튜브 관련 작업을 도와줄 사람들이 많이 있다. 유명한 유튜버 중에 혼자서 모든 일을 다 하는 사람은 드물다. 이미 시장에는 크리에이터들을 관리하고 지원하는 일종의 기획사 역할의 MCN(Multi Channel Network, 다중 채널 네트워크)들이 많아졌고, 개인적으로 자신의 재능을 파는 사람은 차고 넘친다. 예를 들어 재능마켓 사이트 크몽에 들어가면, 유튜브 관련 재능을 일정 금액에 파는 사람들을 쉽게 만날 수 있다. 이렇게 전문가에게 비용을 주고 작업을 맡긴다면 자신의 시간을 아낄 수도 있고, 콘텐츠의 품질도 높일 수 있다. 물론 그 전에 자신이 지향하는 바를 이루어줄 적절한 도구와 시스템을 구별하는 능력을 갖춰야 한다. 그러려면 최소한의 공부와 실험은 반드시 해봐야 한다.

온라인 퍼스널 브랜딩의 핵심은 결국 자신과 키워드의 연계다. 다시 말해 1인기업이 원하는 핵심 키워드를 검색했을 때 자신의 SNS와 관련된 내용이 얼마나 노출되느냐가 중요하다. 나역시 몇 가지 키워드를 검색하면 내 블로그가 1순위로 나타난다. 어디서부터 시작해야 할지 잘 모르겠다면 방법이 없다. 당장 SNS 마케팅 책을 읽는 것부터 시작하자. 공부하지 않는 1인기업이 성공한 사례를 본 적이 없다.

오프라인 퍼스널 브랜딩

현대사회는 온라인과 오프라인을 명확히 구분하는 것이 무의미한 시대다. 그러나 SNS 등 가상의 세계뿐만이 아니라 실제의 삶에서도 퍼스널 브랜딩 작업은 이루어져야 한다. 대표적으로 책의 출간과 오프라인의 인적 네트워크 형성이 있다. 인적 네트워크와 관련해서는 이미 파트 3에서 다뤘으므로, 여기서는 책을 중심으로 이야기하겠다.

책은 대부분의 1인기업에게 필수적인 동반자다. 어떤 분야의 전문성을 전제로 하는 1인기업 특성상 책은 그 전문성을 집약해 보여줄 수 있는 가장 효과적인 방법이기 때문이다. 그럼 책을 출간하려면 무엇이 필요할까? 기본적으로 다음과 같은 세 가지가 필요하다. 사람들이 관심을 가질 만한 콘텐츠와 그걸 바탕으로 쓴 글, 그리고 책을 내줄 출판사다.

먼저 콘텐츠의 문제인데, 1인기업을 꿈꿀 정도라면 자신 있는 자신만의 영역이 있을 것이고 앞에서 진입 전략을 설명했으니 여기서는 콘텐츠에 대한 자세한 설명을 생략하겠다. 다만 콘텐츠가 책으로 나오려면 그에 맞춰 일종의 변환과정을 거쳐야 한다. 지금은 단순히 정보만 가지고 성공하는 시대가 아니라, 그것이 대상에게 적절하게 먹혀들 수 있게 하는 가공이 더 중요해진 시대다. 독자에게 자신의 콘텐츠를 어떤 형태로 가공해서 넘길 것인가를 고민해야 하는 것이다. 물론 이런 과정은 출판사가 함께해줄 수도 있지만, 책을 내본 경험이 없는 저자를 위해 그만한 에너지를 빌려줄 출판사는 흔치 않을 것이다. 결국 1인기업 스스로가 시장과의 타협점을 고민하고 찾아야 한다. 만약 당신 옆에 책을 내본 사람들이 있다면 적절한 도움을 받을 수 있을 텐데, 그런 사람들이 없다 해도 실망할 필요는 없다. 인터넷에 책 출간을 위한 모임들이 이미 널려 있으니까 말이다.

그다음은 이미 써놓은 글이 필요하다. 여기서 글은 유형의 글만을 말하지 않는다. 꾸준한 글쓰기를 통해 늘어난 필력을 포함한다. 물론 콘텐츠의 콘셉트만 좋다면 굳이 글을 잘 쓰지 않아도 출간은 가능하다. 하지만 필력까지 갖추고 있다면 출간이 훨씬 용이할 것이고 그 사람의 존재감은 더 빛날 것이다. 그러니 책을 쓰고자 하는 사람은 매일 몇 줄이라도 글쓰기를 생활화하는 것이 좋다. 안 되면 일기라도 쓰자. 글쓰기에 관한 한 누구도 부정하기 힘든 진리가 하나 있다. 바로 '쓰는 만큼 는다'는 것이다. 그러니 책을 염두에 두고 있다면 당장 노트북을 열고 짧은 글이라도 쓰기 시작해야 한다.

끝으로 책을 내기 위해 필요한 것은 출판사다. 보통 책을 내고자 하는 개인은 자신이 준비한, 혹은 준비하고 있는 책의 기획안을 출판사에 보내곤 한다. 솔직히 말해 인지도가 아예 없거나 정말 확실한 콘셉트가 없다면, 첫 책을 준비하는 사람들에겐 성공 확률이 높지 않은 방법이긴 하다. 그렇기에 책을 내고자 하는 1인기업은 출판사라는 존재의 개념을 좀 더 넓게 잡기를 권한다. 예를 들어 썩 권장하지는 않지만 자신이 출간 비용을 대는 자비출판도 하나의 출판 형태로 접근할 수 있다. 인터넷을 활용한 전자출판 방식도 있는데, 접근이 훨씬 쉽고 비용까지 저렴하다. 아예 무료로 전자출판을 할 수 있는 방법도 꽤 있다.

그렇다고 출간 자체만 목표로 하는 책은 아쉽다. 그만한 노력을 거쳐 책까지 낼 결심을 한 1인기업이라면 좀 더 제대로 된 책을 만들고자 욕심내는 것이 좋다. 하지만 적정한 수준의 기대치를 가지고 타협할 필요는 있다. 첫 작품부터 걸작을 꿈꾸는 것은 과도한 욕심이다. 주변에서도 완벽한 글에 대한 욕심 때문에 시작조차 하지 못하는 사람들을 꽤 보곤 한다. 아이러니하게도 모든 명작은 수많은 습작의 실패 속에 나온다. 끊임없이 글을 쓰고 책을 내는 과정을 통해 당신의 실력도 늘어날 수 있다. 부끄럽게 미흡한 책을 어떻게 내느냐고 생각하는 사람이 있을지도 모르겠지만, 선택은 당신의 몫이다. 내가 만난 작가들 대부분은 자신의 이전 책을 부끄러워했다는 것이 팁이 될지도 모르겠다.

책과 관련해서는 인터넷을 많이 활용하는 것이 필수다. 수많은 출판사들이 인터넷을 통해 쓸 만한 저자를 구하고 있기도 하고, 온라인에서 자신의 글에 대한 반응을 직접 알아볼 수 있기 때문이다. 블로그를 이용해도 좋고, 브런치 같은 전문 글쓰기 사이트를 활용해도 좋다. 뜻만 있다면 생각보다 길은 많다.

일을 늘리는 법 2: 네트워크

"모진 놈 옆에 있다가 벼락 맞는다."라는 옛날 말이 있다. 이게 무슨 말일까? 누군가 나쁜 사람을 만나면 그 영향을 받아 자신도 피해를 본다는 뜻이다. 그럼 이 말을 반대로 해보면 어떨까? 아마 한때 유행했던 표현으로 "부자가 되려면 부자를 만나라." 같은 것이 되지 않을까? 이처럼 우리는 좋은 것이든 나쁜 것이든 주변의 영향을 받는다. 결국 누군가의 삶은 그가 만나는 사람들이 어떠한가를 간접적으로 말해주는 것일 수도 있다. 사람을 차별하라는 것이 아니라 직업적으로 도움이 되는 사람을 만나는 게 좋다는 말이다.

선수들과 네트워크를 연결하라

나는 '선수'란 표현을 좋아한다. 운동선수를 말하는 것이 아니라 '어떤 방면에서 기술이나 기량이 뛰어나 뽑힌 사람 혹은 능숙한 사람'을 말한다. 영어로는 프로페셔널(professional)쯤의 뉘앙스로 보면 된다.

모든 영역에서 프로선수는 아마추어나 초보와 구분된다. 그들은 대개 일이 늘 넘쳐서 고민인 경우가 많다. 1인기업의 특성상 대부분의 일을 직접 해야 하는 경우가 많은데, 일이 많아서 일정이 겹치면 감당할 수 없는 어려움을 겪게 된다. 그럼 그들은 어떻게 할까? 가까운 사람이나 자신에게 더 도움 되는 사람들에게 먼저 일을 연결해줄 것이다.

한 분야에서 일하다 보니 종종 이런 선수들을 만나게 된다. 선수들이 일을 맡기는 사람들은 먼저 기본적으로 맡은 일을 잘 해낼 것이라는 믿음을 주는 사람들이다. 어렵게 일을 맡겼는데 형편없는 결과로 되돌아오면 일한 사람뿐만 아니라 소개를 해준 사람도 욕을 먹기 때문이다. 두 번째는 자신들이 도움을 주고받은 것을 비교적 잘 기억하는 사람들이다. 그들은 자신들이 받은 것만큼 상대방에게 균형을 맞출 줄 아는 지혜를 갖고 있다. 이른바 기브 앤 테이크(give and take)다. 결국 자신의 수준에 따라 사람들을 만나는 것이 일반적이라면, 선수 주변에는 이런 선수가 많을 수밖에 없다.

　가끔 자신도 일이 없는데 누구에게 일을 줄 수 있냐고 묻는 사람들이 있다. 특히 초보나 아직 일이 많지 않은 사람들이 그렇게 말한다. 물론 그렇게 생각할 수도 있다. 하지만 선수들은 일을 주는 사람들만을 좋아하지는 않는다. 내가 본 선수들은 초보나 아직은 아마추어 수준에 있는 사람도 무시하지 않았다. 다만 그들이 가까워지고 싶은 사람들은 대개 '무언가 눈이 가는' 특징을 지닌 경우가 많다. 그것이 특유의 성실함이든, 인간적 매력이든, 혹은 노력하고 배우는 자세든 말이다.

　'일이 없다'는 표현을 쓰는 1인기업을 가끔 본다. 물론 그렇게 표현한다고 모두 그런 것은 아님을 안다. 일이 많아도 엄살처럼 "일이 없어(그러니 일 좀 줘)."를 달고 다니는 사람이 있고, 그 반대로 일이 없어도 "일이 많다."라고 과장하는 사람도 있다. 그 속내야 알 수 없지만, 대개 그들이 하는 활동과 만나는 사람을 보면 실제 일의 유무는 어렵지 않게 알 수 있다.

　나는 워낙 이직 경험이 많고 이리저리 기웃하는 것을 좋아하다 보니, 발이 넓은 덕분에 주변에서 특별히 사람을 구할 일이 있을 때 비교적 문의가 많은 편이다. 그럴 때면 나도 누군가와 함께 프로젝트에 들어가야 하는데 선뜻 떠오르는 사람은 의외로 많지 않다. 그러다 보니 일과 관련해서 결국 '썼던 사람을 자꾸 쓰게 되는' 현상이 발생한다.

우리는 모두 자신만의 무언가를 가지고 있다. 그것을 꺼내 보여줘라. 누군들 아무것도 모르는 사람에게, 호감이 가지 않는 사람에게 좋은 것을 나누고 싶겠는가. 시작하는 1인기업들이 어떻게 일을 얻냐는 질문을 받으면 나는 종종 되묻곤 한다. 어떤 사람들을 자주 만나고 있냐고.

네트워크로 거래처의 활동을 파악하라

1인기업으로 활동하며 시장을 계속 관찰하다 보면 매년 일정 시점에 움직이는 일거리들이 보이기 시작한다. 바로 내 거래처가 될 만한 곳들의 움직임이다. 교육 시장은 공공기관 등에서 해마다 강사를 공개모집 하는 경우가 많다. 대부분 연초에 모집하는데, 이런 정보조차 초보 1인기업에게는 쉽게 공유되지 않는다.

사람을 만나는 것, 그중에서도 도움이 될 만한 사람들과 잘 알고 지내는 것은 정보 획득에서 확실히 강점이 된다. 나도 대부분의 소식을 인터넷에서 접하기보다 개인적 네트워크를 통해서 얻는다. 유난히 민감하고 감이 좋아 혼자서도 정보를 잘 획득하는 사람도 있지만, 대부분은 혼자서 여러 부분을 모두 체크하기가 쉽지 않기 때문이다. 이뿐만 아니라 실제 어떤 프로젝트를 진행하게 되어도 그 세부내용까지는 미리 알기 어렵기 때문에, 참여해본 사람들의 이야기를 들으며 참여할 만한 프로젝트인지를 가려낼 수도 있다. 겉으로는 번지르르해 보여도 막상 참여해보면 안 하는 것이 나았을 수준의 프로젝트도 있기 때문이다.

특히 공공 영역은 연간 정기적인 진입의 기회들이 상당수 존재한다. 민간 영역에서야 프로젝트 대부분이 비정기적으로 진행되기에 접근이 쉽지 않지만, 공공 영역의 경우는 거의 해마다 반복되는 것이 많아 자기 분야의 일정을 체크해두는 습관을 들여야 한다. 나는 구글 알리미 등으로 정보를 수집하거나 생각이 날 때마다 해당 사이트를 들어가보기도 하는데, 역시 가장 좋은 것은 적절한 때 알맞은 정보를 알려주는 인적 네트워크다.

만약 일과 관련해 같은 업종의 사람을 자주 만나는데 1년 동안 주고받은 정보가 하나도 없다면, 한 번쯤은 그 관계가 무슨 의미인지 생각해봐야 한다. 그냥 친구가 된 것이라면 모르나 적어도 비즈니스 파트너는 아니라고 봐야 할 테니까.

창업 비용 2만 원, 1인기업으로 살아남기

실력을 키우려면
무엇부터 해야 하는가?

어느 날 낯선 환경에서 새로운 주제로 강의를 진행한다고 해보자. 열심히 준비했지만 강의 전 얻을 수 있는 정보와 현장에서 맞닥뜨리는 느낌은 예상 이상으로 다르다는 것을 알게 된다. 강의를 들어주는 청중들과 교감이 되지 않고 문제가 있다는 느낌, 흔한 말로 강의가 꼬인 경우다. 이럴 때면 '정보가 이렇게 부족한 걸 나더러 도대체 어쩌란 말이냐?'라는 생각이 절로 든다. 그런데 이렇게 불평만 하고 끝내도 되는 것일까? 다음에는 그런 일이 생기지 않도록 강의 실력을 키우려면 이제 무엇을 해야 할까?

1인기업의 성장을 돕는 습관, 리뷰

당연히 강의의 전 과정을 떠올려봐야 한다. 필요하다면 청중에게 물어도 보고, 강의를 참관한 담당자나 다른 유능한 이에게라도 물어봐야 한다. 그도 아니면 스스로 전 과정을 돌이켜보며 무엇이 잘못되었는지, 어떤 방향이 청중의 반응을 더 이끌어냈는지 등을 이해해야 다음번에 유사한 상황에서 같은 실수를 하지 않을 수 있다. 또한 강의의 준비과정에서 어떤 부분을 놓쳐서 이런 문제가 생겼는지도 확인해두는 것이 좋다. 한 번 정도는 실수할 수 있다. 그러나 아무것도 얻는 것 없이 그저 실수로만 끝난다면 정말 큰 손실이다. 다행히 그동안 쌓은 신뢰가 있다면 한 번 더 기회를 얻을 수 있을 것이다. 설사 그렇지 못한 경우라도 혹시 같은 강의를 다른 곳에서 할 수 있으니 반드시 문제점과 해결책을 확인해둬야 한다.

이건 강의에만 해당하는 이야기일까? 그렇지 않다. 자신이 진행한 컨설팅이나 프로젝트, 자신이 쓴 글, 심지어 자신이 본 책의 내용까지 스스로 점검할 기회를 가지는 것은 필수다. 이런 과정 없이 한 번의 작업만으로 어떤 것을 자기 것으로 만들기는 쉽지 않다.

아주 단적인 예로 진지하게 책의 리뷰를 써본 사람은 안다. 한번 읽고 던져버린 책과 한번 리뷰를 해본 책(직접 써서 기록을 남긴 책)에 대한 기억과 통찰의 차이는 엄청나다. 금방 읽은 책이라도 막상 리뷰를 쓰면 내가 읽은 그 책이 맞나 싶을 정도로 새로울 때가 있다. 우리의 기억은 생각만큼 정밀하지 못하다. 하물며 행간을 읽는 통찰이야 더 말할 것도 없다. 그러한 이유로 작성한 나의 독서노트는 수백 편을 넘어선다. 당연히 일을 위한 중요한 자산이다.

"책을 읽어도 변화가 없다.""실력이 늘지 않는다."라고 말하는 사람들이 있다면 당연히 일의 진행과정을 시작부터 사후까지 살펴봐야 한다. 대개 리뷰를 하지 않거나 그 과정이 충분치 않을 것이다. 달리 말하면 이런 과정을 거치는 사람들은 실력이 빨리 늘 수밖에 없다. 오래 했는데도 실력이 똑같다면 무언가를 놓치고 있다고 봐야 한다. "똑같은 실수만 되풀이하지 않으면 돼!"라고 말하지만 인간은 같은 실수를 되풀이하는 존재다. 그럼에도 자신이 작업하거나 노력한 결과를 재고하지 않는 것은 '내 속에서 한번 나갔으면 그만'이라는 무책임한 사고방식에 가깝다. 인생은 늘 연장선에 있다. 과거가 현재를, 현재가 미래를 만든다. 다음을 준비하지 않는 것은 스스로 미래가 없는 사람이라고 인정하는 것과 다를 바 없다.

자, 이제 습관적으로 리뷰를 하자. 무엇이 되든 되씹는 과정이 없다면, 그 한 번의 경험은 당신의 인생에서도 별 의미가 없을 가능성이 크다.

"실력이 늘지 않는다."라고 말하는 사람들이 있다면
당연히 일의 진행과정을 시작부터 사후까지 살펴봐야 한다.
대개 리뷰를 하지 않거나 그 과정이 충분치 않을 것이다.

자신만의 리뷰 양식 만들기

개인적으로 강의(워크숍 등 교육 프로젝트 포함)와 독서에 관한 리뷰를 가장 자주 한다. 먼저 강의를 리뷰할 때는 강사로서의 관점, 교육담당자로서의 관점, 그리고 참여했던 청중의 관점 등을 다각적으로 알아보면 좋다. 이것들을 통해 좋은 점은 더 발전시키고 부족한 부분은 개선을 도모할 수 있다. 이렇게 강의안이 수정·보완되는 것만으로도 공부가 되고 성장의 기초가 된다.

독서 리뷰는 내가 일상에서 하는 아주 중요한 작업이다. 책 내용을 요약해 정리하고, 추후 인용이나 활용을 위해 마음에 든 부분을 필사한다. 이런 리뷰 작업은 크게 세 가지 장점이 있다. 첫째, 사실상 재독의 효과가 있어 책을 다시 한번 읽는 셈이다. 그러다 보면 숨어 있던 행간의 내용이 눈에 보이기도 하는데, 이럴 때면 우연히 뭔가 좋은 것을 주운 느낌이 든다. 둘째, 필사의 과정은 자신도 모르게 글을 쓰는 힘을 키워준다는 것이다. 좋은 문장을 그대로 따라 쓰다 보면 그 작가 특유의 리듬감을 느낄 수 있는데 역시 글을 쓰는 내게는 귀한 통찰이 되곤 한다. 마지막으로 책의 리뷰를 해두면 필요할 때 책의 전체 내용을 빠르게 재확인할 수 있고, 좋은 부분을 다른 글이나 강의 같은 곳에서 인용할 수 있다.

강의나 독서 리뷰가 아니더라도 자신의 일과 관련된 다양한

· 프로젝트별 리뷰 작성법 예시 ·

프로젝트	리뷰 내용	참고
예비퇴직자를 위한 워크숍	참여자들의 전체 반응	고객 기준
	담당자 평가	담당자 기준
	좋았던 점	내 기준
	아쉬웠던 점	내 기준
	개선 방향	앞으로의 계획
독서 리뷰	책을 읽고 느낀 점	전반적인 느낌 정리
	마음에 남은 내용	주목할 만한 내용 정리 (빈 공간에 자신의 의견 표시)

리뷰들은 스스로의 역량을 개선시키고 더 나은 방향으로 끌어 줄 수 있는 중요한 작업이다. 위의 리뷰 작성법을 참고해서 꼭 한번 해보길 바란다.

일과 돈 사이에서 마인드를 관리하는 법

1인기업을 시작하는 사람들에게 많은 이들이 거듭 당부하는 말이 있다. "처음부터 비단길이 깔려 있을 거라는 생각은 하지 않는 것이 좋다." 사람은 누구나 무언가를 시작할 때 희망적으로 생각한다. 당연한 일이다. 그렇지 않다면 어떻게 용기를 내어 도전할 수 있을까? 시장이 아무리 어려워도 절망적으로 생각하며 진입할 사람은 없다.

하지만 초기의 진입을 너무 비관적으로 보는 것만큼 너무 낙관하는 것도 문제가 된다. 직업 분야에서 일하다 보면 그럭저럭 잘 다니던 직장을 그만두고 강사라는 직업에 매력을 느껴 진입한 중장년층을 보게 된다. 그러나 시장이 그리 친절할 리 없다. 알려지지 않은 이들에게 어떤 식으로든 선뜻 기회를 내미는 구원자들은 많지 않다. 1인기업을 시작 후 몇 년 동안 집에 돈 한 푼 제대로 가져다 주지 못해 어려움을 호소하던 이들도 심심치 않게 만난 적이 있다.

다행히 어느 정도 시간이 지나면 경험이 쌓여 자기 나름의 시스템을 만들곤 하지만, 초기부터 수익만을 바라보면 지쳐서 나아갈 수가 없다. 이는 마치 주식투자를 처음 한 사람이 매시간 주식시세에 신경을 쓰며 괴로워하는 것과 유사하다. 보통 가지고 있는 주식을 보며 마음이 흥겨울 때는 계속 오를 때밖에 없다. 그런데 계속 주식시세를 바라보고 있다면 그 시세의 변화에 따라 마음이 요동칠 테니 하루하루가 괴롭고, 그 기회비용이 컸다면 시세가 내려갔을 때 지옥 같은 심정을 겪을 수도 있다. 결국 수익만을 바라보기보다 일에 대한 마인드를 갖고 준비와 실행과정을 이겨내야 한다.

일과 돈 사이의 줄다리기

1인기업을 시작했을 때 초기에 더 신경 써야 할 것은 가장 먼저 일의 완성도다. 사업 초기에 들어오는 일은 실상 수입이 적고 마음에 안 드는 것이 당연하다. 고액의 보상이 따르는 일이 처음 시작한 사람에게 주어지는 경우는 거의 없다. 그렇기에 초점을 '저렴한 일에서 어떻게 기대 이상의 가치를 만들어 상대에게 자신을 어필하느냐'에 맞춰야 한다. 저렴한 일이라도 '겨우 얼마짜리' 일이 아니라 절체절명의 순간에 다음 단계로 올라갈 수 있는 실마리인 셈이다.

초기에는 '일 > 돈'의 관계를 반드시 유지해야 한다. 이 비중은 경력이 쌓이고 나서도 마찬가지다. 솔직히 일하면서 돈을 신경 쓰지 않는 사람은 얼마 되지 않는다. 나도 때때로 시간당 강의료에 민감해진다. 똑같은 시간을 강의하는데 강의료는 몇 배나 차이가 날 때가 있다. 그렇다고 낮은 강의료를 받은 강의에 신경을 덜 쓰는 것도 아니다. 다만 돈에 신경 쓰기 시작하는 순간, 나도 힘들어지고 삶도 팍팍해진다는 것을 안다. 그 때문에 일의 금전적인 보상보다 언젠가 찾아올 기회에 가치를 둔다.

자신의 일이 비천하게 느껴지는 것은 세상의 시선 때문이기도 하지만, 일하는 사람 스스로가 자신의 일을 바라보는 시선 때문이기도 하다. 특히 돈의 가치만 우선시할 때, 결국 자신의 노동 가치도 시간당 얼마짜리가 된다. 그래서는 자신과 일에 대한 예의가 서질 않는다. 내 아이들에게 일과 일하는 사람의 관계에 대해 설명하기 위해 만든 이야기가 있다. 이 이야기를 읽고 자신과 일의 관계는 어떠한 모습인지 생각해보자.

미스 워크와 미스터 워커의 이야기

미스 워크(Work)는 부자였습니다. 엄청난 재산가이기에 그녀의 뒤에는 늘 주변 사람들의 부러움의 시선이 따라다녔습니다.

어느 날 한 남자가 나타나 그녀에게 사랑을 맹세했습니다. 그 남자의 이름은 워커(Worker)였지요. 미스터 워커는 진심으로 그녀를 사랑하는 마음을 가지고 그녀에게 고백했습니다. 그녀 역시 그의 순수한 마음을 기꺼이 받아들였습니다. 사실 그녀는 오랜 기간 자신의 재산만 보고 접근한 남자들로 인해 마음고생이 심했답니다.

두 사람이 사귀기로 하고 시간이 어느 정도 흘렀습니다. 그런데 미스 워크는 뭔가 이상함을 느끼기 시작했습니다. 미스터 워커의 행동이 조금씩 달라지고 있었던 것입니다. 안타깝게도 그녀의 예감은 틀리지 않았습니다. 언젠가부터 미스터 워커 역시 다른 사람들처럼 자신이 아니라 자신의 돈을 보고 있다는 것을 결국 깨닫게 되었습니다.

미스터 워커는 처음엔 정말 순수한 마음으로 미스 워크에게 접근했습니다. 그는 그녀가 정말 좋았지요. 그런데 어느 순간부터 그녀가 가진 돈의 존재가 더 크게 느껴지기 시작했습니다. 처음엔 이러면 안 된다고 생각했지만 미스터 워커 역시 다른 사람들처럼 돈에 목마른 삶을 사는 보통 사람이었습니다.

이제 두 사람이 만나도 미스터 워커의 관심은 늘 그녀의 사랑이 가져다줄 돈에만 맞춰져 있었습니다. 미스터 워커는 미스 워크의 마음이 떠나가고 있다는 사실을 알지 못했습니다. 자신에 대한 사랑이 아니라 자신이 줄 수 있는 돈에만 관심 있는 남자를 어떤 여자가 사랑할 수 있을까요?

결국 미스터 워커의 탐욕과 자신에 대한 소홀함을 느낀 미스 워크는, 결별 선언도 없이 어느 날 훌쩍 미스터 워커의 곁을 떠나고 말았습니다. 혼자 남은 미스터 워커는 사랑과 부를 잃고, 마음도 생활도 더욱 가난해지고 말았습니다.

언젠가 학교 관련 프로젝트를 진행한 적이 있었다. 프리랜서를 시작하고 얼마 지나지 않은 시점이었는데, 한창 의욕이 넘쳤고 또 한편으로는 돈에 목말라 있었다. 처음에는 내가 의욕적으로 추진해서 만든 프로젝트였는데, 학교 특유의 재정적 상황이 겹치자 '별로 남는 것이 없는 일'이 되고 말았다. 프리랜서는 시간이 돈인 사람들이다. 남는 것 없이 시간만 소비해야 하는 프로젝트라면 의욕이 떨어지기 마련이다. 나 역시 그랬다. 중간에 상황이 변하기는 했지만 내가 수용한 일인데도 불구하고, 그 일과 관련된 사람들을 만나면 '돈이 남지 않는 상황'에 대해 의미 없는 불평을 하며 투덜거리고 있었다.

어느 날 관계자와 미팅을 하고 나오는데 거울에 비친 내 모습을 보는 순간 정신이 번쩍 들었다. 미팅에서의 모습을 반추하며 얼마나 퉁명스럽고 탐욕스러워 보였을지 반성하게 되었다. 그 일을 하기로 결정한 가장 큰 이유는 그 일과 관련해 평판을 만들고자 함이었다. 그런데 일하는 내 모습은 수익만 탐하는 생각 없는 장사꾼의 태도와 똑같았던 것이다.

그 일을 계기로 다시 일에 몰두하기 시작했다. 조건이야 어찌 되었든 수용했다면 '내 일'이다. 그렇다면 그 일을 최고로 완성하는 것이 도리이자 자존심이라는 생각이 들었다. 다행히 일은 잘 진행되었고, 좋은 평판을 얻었다. 덤으로 생각지 못한 일들이 추가로 연결되며 기대 이상으로 수익을 얻게 되었다. 만약 그 프로젝트를 진행하며 '돈도 안 되는 수입'에만 계속 초점을 맞췄다면, 결국 나는 돈도 잃고 일도 잃었을 것이다.

그 이후로 늘 일에 집중해 살려고 하지만 사실 쉽지 않다. 수시로 마음 한쪽으로 돈에 대한 욕망이 비집고 들어와 틈만 나면 싸운다. 다행히 아직까지는 이 싸움의 결과가 '일의 승리'로 끝나는 경우가 많았다. 솔직히 말하면 나는 이러한 갈등을 이겨내는 과정이 '돈을 버는 길'이라 믿고 있다.

얼마나 지나야
수입이 안정화되는가?

　　돈의 문제에서 자유로운 사람이 얼마나 될까? 얼마 전 어떤 대기업의 임원 관련 프로젝트를 진행한 적이 있었다. 놀랍게도 일반인의 관점에서 넘지 못할 수준의 높은 급여를 받는 사람들조차도 돈의 문제에서 자유롭지 못한 모습을 보며, 다시 한번 돈의 위력과 돈을 향한 끝없는 갈증을 실감했다. 꼬박꼬박 월급이 나오는 직장인뿐만 아니라 심지어 임원조차도 돈 문제에 시달리는데, 스스로의 삶을 책임져야 하는 1인기업이라면 동전의 양면처럼 자신의 선택에 따라 '고정적인 수입에 대한 스트레스'를 어쩔 수 없이 겪게 된다.

여러 1인기업가들과 이야기해보면 특히 초기에 이에 대한 우려가 극심하다. 이 두려움을 이기지 못하면 독립할 수 없고, 독립한 사람도 이 스트레스를 넘지 못하면 사업을 지속할 수 없다. 1인기업의 시작은 '이상'이지만, 건너야 할 길은 '현실의 진창'인 셈이다.

1인기업에도 수입의 안정기가 존재하는가?

1인기업 시작 후 언제 수입의 안정기가 찾아오는지는 각자의 사정에 따라 다르다. 설문 등을 통해 직접 조사한 바에 따르면 대개 짧게는 6개월부터 길게는 5년 정도의 시간이 걸렸다. 보통 그 어려운 시간을 견딜 때 그동안 모아왔던 돈이나 다른 수입원의 존재가 큰 지지대 역할을 하지만, 다른 선택의 여지가 없어 악착같이 버티는 경우도 있었다.

재미있는 것은 1인기업의 아이템이나 개인적인 성향상 성공이 쉽지 않으리라 예상되었더라도 일정한 시간이 지나면 어떻게든 자신만의 '일 시스템'을 만들어나간다는 것이다. 물론 전제는 있다. 자신이 만든 일(제품)의 품질은 항상 기본 이상의 수준으로 유지해야 한다. 유튜버라면 콘텐츠의 질일 것이며, 강사라면 강의의 질, 디자이너나 작가 역시 마찬가지로 자신만의 역량

창업 비용 2만 원, 1인기업으로 살아남기

을 작품에 담아내야 한다.

1인기업의 안정화에는 1년 정도의 시간을 가정하는 것이 좋다. 물론 개인의 관점 차이에 따라 그 시간은 달라진다. 1년은 너무 짧다는 견해도 많은데, 실제로 내 주변에서 3~10년에 걸쳐 경제적 안전성을 만든 사람들도 꽤 봤다. 다만 이런 경우는 사전에 준비가 거의 되지 않았던 상태로 볼 수 있다. 1년 이상의 기다림은 개인의 상황이 변수로 작용한다. 한참 돈을 벌어야 할 시기라면 견디기 힘든 시간이 될 것이다. 제대로 노력했는데 1년이 지나도 잘될 조짐이 안 보인다면 그 일과 잘 맞지 않는 것일 수도 있다. 그러니 1인기업의 안정화에 기간을 너무 길게 잡지 말고, 사전에 준비했다면 1년 안에 승부를 본다는 생각으로 집중하길 권한다.

'안정화'와 관련해 가장 좋은 모델이 하나 있다. 다수의 1인기업 중 시작부터 수익이 발생한 케이스가 있는데, 그 일에서 이미 상당 기간 경력과 네트워크를 쌓아 독립한 경우다. 독립 전 충분한 경력과 네트워크를 쌓기 위해 필요한 기간은 최소 3~5년 이상 정도로 예상한다. 자신의 경력을 바탕으로 시장에 대해 이해하고, 버팀목이 될 네트워크를 갖추려면 이 정도의 시간은 필수다.

나는 2014년 8월에 독립했으나 그 전에 이미 해당 분야의 경력은 8년을 넘고 있었다. 거기에 꽤 다양한 직업을 거치며 얻은 경험들이 쌓여 전직지원 분야에서 독립할 수 있는 바탕을 만들었다. 앞에서 언급했던 '누울 곳을 보고 발을 뻗으라'는 말처럼, 이전에 근무했던 몇 곳에서 당장의 생계에 도움을 받을 수 있었다. 그리고 다수의 강의를 통해 나쁘지 않은 평을 얻어왔으니 나름 전직지원 시장에서는 꽤 준비된 자원이었던 셈이다. 그럼에도 얼마나 불안했는지 날마다 수입을 만들 수 있는 모델을 고민했다. 다행히 첫해에 이미 직장인으로 살던 때의 수입을 넘어설 수 있었고, 그 후로는 3년간 수입이 가파르게 상승했다. 물론 지금은 일정 범위 안에서 수입이 왔다 갔다 하지만 당장 가족의 생계를 걱정할 수준은 아니다.

수입이 안정화되기 시작한 것은 어떻게 알 수 있을까? 일정 시간이 지나면 1인기업들은 이런 말을 한다. "지금 어떤 일이 안 되면 반드시 다른 기회가 생긴다." 실제로 좋은 흐름이 있으면 나쁜 흐름도 있고, 그 반대 역시 성립된다. 그런 과정들이 쌓이고 쌓여 일의 바탕이 되어주면 어떤 부분에서든 안정감이 생기게 된다. 1인기업의 수입 안정화에 최악인 상황은 '한 번 일이 들어왔던 곳에서 다시는 일이 들어오지 않는 경우'다. 그것만 아니라면 누구에게나 기회는 있다.

창업 비용 2만 원, 1인기업으로 살아남기

나만의 콘텐츠를 확장하는 방법

누군가에게 일을 맡길 때를 한번 가정해보자. 특정 영역에서 역량이 선명한 사람이 먼저 떠오르는가, 아니면 모든 것을 다 할 수 있다는 사람이 먼저 떠오르는가? 아마 전자가 먼저 떠오를 것이다. 이건 비단 강의 분야에만 국한된 이야기가 아니다. 가끔 구직활동을 하며 모든 일을 다 할 수 있다고 주장하는 사람들이 있다. 그러나 시장이 그들을 파악한 결과는 '아무 주특기가 없는 사람'이다. 일을 주기 위해서는 우선 그 사람이 무엇을 잘하는지 먼저 떠올라야 한다. 그런데 새롭게 일을 시작한다는 의욕이 넘쳐 '뭐든 다 한다'는 식으로 접근한다면, 일을 주는 입장에서는 그의 역량 자체가 못 미더운 것이 사실이다.

나는 처음부터 중점을 둔 역량이 분명했다. 전직전문기업에서 일할 때 직업상담 업무를 시작했고, 메인 업무는 재취업지원이었다. 그동안 해온 강의 역시 주로 중장년 재취업에 맞춰져 있었다. 물론 대학교에서도 종종 강의를 했는데 취업 관련 교육이었으니 평소 일해오던 분야와 관련되어 있었다.

그럼에도 불구하고 경제적 불안으로 '돈이 되는' 일은 모두 하고 싶었던 때가 있다. 하루는 리더십 교육과 관련된 일이 들어왔다. 못할 바는 아니지만 내게 적당한 분야가 아니었다. 고민이 많았지만 없는 살림에도 거절했다. 그와 유사한 일이 꽤 있었고 속은 쓰렸지만 대체로 거절했다. "일일이 가려 받으면 시장에서 살아남기 힘들다."라는 이야기도 들었다. 지금 생각해보면 내 방식도, 그런 이야기를 해주었던 사람의 방식도 하나의 선택이다.

좁게 시작하되, 조금씩 확장하라

일을 확장하는 방법에는 두 가지가 있다. 처음부터 넓게 잡고 닥치는 대로 부딪치며 하나씩 배우고 해결해가는 방법이 그 첫 번째다. 실제로 시장에는 이런 사람들이 꽤 있다. 이 방법으로 시장에서 살아남으면 역량의 빠른 확장이 가능하다. 그러나 나는 아는 영역과 그렇지 못한 영역에서의 목소리 차이가 확연히 나는 사람이기에 적어도 내게는 맞지 않는 방식이다. 잘 알지 못하고 스스로 실험해보지 않은 내용을 강의할 배짱은 없다. 적어도 고민을 한 번씩 해보며, 답을 찾기 위해 노력했던 부분만 강의가 가능하다. 그래서 처음엔 좁게 시작하는 두 번째 방법을 선택했다. 결과적으로 명확히 원하던 것을 내주는 모습이 좋게 보였던 덕분인지 용케도 강의를 반복해서 요청받을 수 있었다.

그러다 시간이 흐르면서 조금은 달라도 받는 것이 좋은 일도 있다는 것을 알게 되었다. 바로 내가 가진 역량을 확장시키는, 기존에 해왔던 일의 연장선에 있는 것들이다. 대표적으로 노후 생애설계와 관련된 일이다. 언제나 직업 시장에 대해 '왜 직업이 퇴직자의 문제만으로 국한되는 거지?'라는 불만이 있었다. 대부분의 직장인은 이제 늘 비상인 상황에서 살아가는 시대가 되었다. 그런 시대에 자신의 경력을 통합하고 목표를 설정하고 변화에 대비하는 것은 상식적으로 생각해도 당연히 필요하다. 그런 상황에서 삶의 전반적인 부분들을 컨트롤하며 균형을 잡아나가는 생애설계는 대단히 매력적이었고, 나는 주저 없이 이 분야에 발을 디뎠다. 해야 할 강의가 늘어나는 만큼 배우고, 일상에서 관찰하며 공부했다. 스스로 생각한 내용들도 많아져 생애설계 관련 유튜브 채널까지 개설했다.

때로는 취업 관련 매뉴얼을 만들고, 전직지원전문가 교육 과정을 동영상으로 제작하고, 기존의 방식과 다른 퍼실리테이션화된 과정을 실험하면서 조금씩 내 경계선들을 허물고 바깥으로 확장해가고 있다. 직업은 물론이고 관계, 여가, 자기계발 등 처음과 비교하면 콘텐츠가 엄청나게 확장되었다. 그리고 대부분은 내 영역을 둘러싼 테두리를 하나씩 무너뜨리며 완만하게 발을 넓혀왔다.

선택은 늘 그렇듯 자신의 몫이다. 도전적으로 부딪치며 급격하게 늘려갈 것인가. 아니면 시간이 더 걸리더라도 완만하게 경계를 허물며 점진적으로 확장해갈 것인가. 각각이 가진 장단점만 있을 뿐, 옳고 그름은 없다. 어느 것이 옳은가는 결국 개인의 성향이 결정할 몫이다.

1 초기 자본은 얼마나 필요한가?

어떤 일을 시작할 때마다 늘 돈이 문제다. 누구도 "초기에 일을 시작하려면 돈이 얼마나 필요할까?"라는 질문을 피해갈 수 없다. 대신 1인기업은 큰돈을 들이지 않고 시작할 수 있는 대표적인 업무 형태다.

나의 창업 비용은 2만 원이 전부였는데, 그 2만 원은 명함값이었다. 그 외에는 독립하기 얼마 전에 새로 구입한 약 80만 원대의 노트북 하나가 있었다. 이것까지 쳐도 100만 원이 되지 않았다. 함께 일하는 파트너 회사가 강남 쪽에 사무실이 있어 언제든 쓸 수 있었기에 사무실 비용에 부담도 없었다. 요즘 내가 만

나는 1인기업들은 사무실을 두지 않는 경우도 많으니 사무실이
꼭 필요한 업종이 아니라면 크게 신경 쓰지 않아도 된다.

최소 1년간의 생활자금이 있어야 한다

많은 자본이 필요하지 않은 1인기업에게 오히려 실질적인 창업
비용이라 할 만한 것은 '창업 후 일정 수입이 생길 때까지 견딜
수 있는 생활자금'이다. 1인기업의 매출이 처음부터 생활이 될
만큼 넉넉한 수준으로 시작하는 경우는 드물기 때문이다. 1인기
업마다 매출이 궤도에 오르는 기간은 다르지만, 통상적으로 1인
기업을 시작하는 사람들은 1~2년을 염두에 둔다. 적절한 준비
자금의 정도 역시 사람마다 다르다. 적게 쓰는 사람이라면 당연
히 더 적은 비용이 들겠지만, 생활의 수준이 상당했던 사람이 갑
자기 생활비를 줄이는 것은 꽤 어려운 일이다.

생활자금은 최소 1년 정도는 버틸 수 있을 만큼 준비해둘 것
을 추천한다. 여기에는 이유가 있다. 일단 1년 내에 일이 중심을
잡기 힘들다는 것은 애초에 단단히 준비하지 않고 시작했다는
반증이다. 이러한 상황에서 견뎌내는 사람도 있지만, 그 인내의
과정은 당사자를 포함한 가족에게 상당히 고통스러운 시간이
될 가능성이 크다. 거의 10년을 버티며 노력해서야 수입이 안정

권으로 가는 사람도 있다. 하지만 기혼자로서 생활이 지속되도록 최소한의 수입을 책임져야 한다면 그 과정은 정말 쉽지 않을 것이다.

1인기업가들 중 여성의 비율이 꽤 높은 것도 생활자금과 관련이 있다. 가정 내에서 주 수입원이 아닌 경우가 많기에 비교적 큰 부담 없이 시간이 걸리는 싸움에 도전할 수 있기 때문이다. 개인적으로 연금을 가지고 있는 사람들이나, 배우자가 비교적 안정적인 수입원을 가진 경우 1인기업을 시작하기 수월한 것도 그러한 이유 때문이다.

분명히 1년 만에 시장 궤도로 진입하는 것은 상당히 어렵다. 그만큼 준비가 되어 있고, 탄탄한 내공이 뒷받침되어야 한다. 기존 시장에서 어떤 식으로든 평판을 만들어왔다면 더욱 유리하다. 하지만 그렇게 차근차근 진입하는 사람들은 생각보다 많지 않고, 심지어 정말 대책 없이 뛰어드는 경우도 종종 있다. 어떤 이들은 때로 운으로, 실력으로, 인내로 초기의 불안정한 상태를 극복하지만, 다수는 소리 없이 시장에서 사라져간다. 일반적인 창업도 1년은 지나봐야 향배를 알 수 있듯이, 잘 준비된 상태에서 1년이면 어떤 식으로든 방향성이 잡힐 것이다. 그게 아니라면 첩첩산중을 몇 방울의 물로 버틸 각오를 해야 한다.

누구나 그렇겠지만, 나 역시 1년 치 생활비를 미리 저축하며 살아가는 사람이 아니었다. 그러므로 애초에 1인기업 진입 시

'최소한의 기댈 곳'이 반드시 필요했다. 다행히 직전에 일했던 전직전문기업 인덱스루트코리아가 기댈 곳이 되어주었다. 거기에 10년 가까이 일하면서 거쳐간 다양한 기관들과 사람들이 모두 좋은 인연으로 돌아와주었다. 아무리 생각해도 10년 가까운 현장 경험과 네트워크가 없었다면 초기 매출을 그렇게 상승시킬 수 없었다. 나의 경험은 1인기업을 시작할 때 자신이 일했던 분야의 경력을 살리는 것이 얼마나 중요한지를 보여준다.

분야에 따라 1인기업이라도 상당한 자본이 필요할 수도 있다. 그러나 어떤 경우라도 1인기업이 큰 자본을 필요로 한다면 그건 그 자체로서 매력을 잃은 것이다. 1인기업의 매력은 누가 뭐래도 가볍게 시작할 수 있다는 것이다. 혹시 생각보다 많은 돈을 들이며 1인기업을 시작했다면 첫 단추부터 잘못 끼운 것은 아닌지 의심해봐야 한다.

많은 자본이 필요하지 않은 1인기업에게
오히려 실질적인 창업 비용이라 할 만한 것은
'창업 후 일정 수입이 생길 때까지
견딜 수 있는 생활자금'이다.

1인기업의
세무 처리

　　1인기업들이 처음엔 별로 신경을 쓰지 않다가 나중에 가장 고민하는 항목 중의 하나는 바로 세금 문제다. 수입이 거의 없을 때야 신경 쓸 것도 없지만 수입이 늘어나면서 차츰 고민도 함께 늘어난다. 그 대표적인 고민들은 다음과 같다. "도대체 사업자등록은 왜 해야 하는 걸까?" "사업자등록을 한다면 개인사업자가 좋을까, 아니면 법인사업자가 좋을까?" "비용처리는 어떻게 대비하고 증명해야 할까?" "세금 문제를 위해 세무사를 쓰는 게 나을까?" 1인기업의 세금은 어떻게 처리해야 하는지 하나씩 알아보자.

세금 문제, 신경 쓰지 않으면 폭탄이 된다

세금 문제는 처음부터 신경을 쓰지 않으면 매출이 올라간 후 한꺼번에 폭탄으로 되돌아올 수 있다. 2017년 3월경 프리랜서들의 세금 업무를 도맡아 진행하던 한 세무사가 마음대로 5년간 비용(필요경비)을 부풀려 신고한 일이 있었다. 결국 그 세무사에게 의뢰했던 3,800명의 프리랜서들이 최소 2천만 원에서 3억 원 사이의 세금 폭탄을 맞게 되었다.

세금은 수많은 사람들에게 고민거리다. 일단 익숙하지 않고, 증빙이 만만치 않다. 특히나 지식기반산업에 종사하는 1인기업의 경우 비용에 대한 지출 영역이 너무 좁다 보니 공제에 해당되는 것이 별로 없다. 공장의 기계는 감가상각도 인정되고 수리비 역시 비용으로 인정되는데, 1인기업은 일하다 몸이 상해도 비용으로 처리되지 않는다. 실제 월급쟁이로 생활하다 자영업자가 된 후, 회사원일 때는 되던 다양한 공제들(교육비, 병원비, 현금영수증 등)이 하나도 적용되지 않는 것을 알고는 꽤 놀랐다. 게다가 세금을 대비해 목돈을 모아두는 사람은 거의 없다. 그렇지만 수입이 생기면 세금은 반드시 따라온다. 세금이 얼마든 수입의 일부분을 내야 된다는 것은 누구에게나 상당한 부담으로 다가올 수밖에 없다.

이러한 고민의 가장 좋은 대비책은 세금을 잘 이해해 스스로 적절히 대처하는 것이다. 꽤 많은 1인기업들이 이렇게 스스로 철저히 대비해 세금을 준비한다. 국세청 홈택스 서비스가 워낙 잘 정리되어 있어 숫자에 감이 조금만 있다면 가능한 일이다. 그렇지만 이 작업이 생각보다 에너지가 많이 든다고 느끼는 사람들도 물론 있다. 바로 나 같은 부류다. 배우는 것을 좋아하긴 하지만 숫자가 들어가는 것은 정보로서의 역할을 하는 통계를 빼고는 별로 좋아하지 않는다. 이럴 때는 세무전문가의 도움을 받을 수 있다.

나는 잘 아는 세무사가 있어 그에게 일을 맡긴다. 사업자등록증이 없었을 때는 매년 5월에 하는 종합소득세 신고 시에 저렴한 비용으로 처리했고, 사업자등록 후에는 일부 신고 등으로 추가 비용이 들었다. 하지만 골머리를 앓으며 세무 처리에 시간을 쓰는 것보다 비용을 지불하는 것이 훨씬 효율적이라는 생각에 계속 세무사에게 맡기고 있다. 다만 이때도 유의해야 할 것이 있다. 1인기업 대부분은 큰돈을 굴리는 사람이 아니라 세무사의 대행비라고 해봐야 몇십만 원 안쪽이다. 그러니 자기 일처럼 애써주고 코치를 해줄 것이라는 기대는 하지 말아야 한다. 사실 나는 가까운 지인임에도 오히려 매출이 부풀려 신고된 경우가 있었다. 그러니 자료의 준비와 확인은 필수다. 아는 만큼 일은 간단해지고 정확해진다.

사업자등록 꼭 해야 하는가?

일을 시작하는 1인기업이 가장 먼저 부딪히는 세금 문제는 '사업자등록을 해야 할까?'라는 고민일 것이다. 나 역시 이 문제로 고민을 많이 했다. 처음에는 사업자등록을 하는 것에 별 뜻이 없었지만, 혹시 몰라 이리저리 조사해봤다. 사업자등록증이 사용되는 경우는 대출을 받을 때나 카드 단말기를 등록할 때, 혹은 거래처가 세금계산서 발행을 요구할 때 등이었다. 그리고 사업자등록증이 없다면 직원을 고용할 수 없고, 세금을 감면받지 못하는 정도의 문제가 있다. 만약 1인기업을 운영할 때 이런 부분에서 문제가 없다면 굳이 사업자등록은 하지 않아도 된다. 1인기업의 분야에 따라 문제가 발생하지 않을 수도 있는데, 나는 강의와 컨설팅 등의 교육을 하고 있으니 사업자등록 없이 활동이 가능했다. 하지만 카드 계산이 빈번하게 일어나는 전자상거래 등에선 사업자등록이 필수다.

실제로 나는 2년 정도를 사업자등록을 하지 않고 일했다. 그러나 연 매출이 4,800만 원을 넘으면 사업자등록을 반드시 해야 했다. 무엇보다 경력을 증명할 때 사업자등록증이 없다 보니, 다른 기업이나 기관의 재직기간을 증명하는 것으로 대신해야 하는 불편이 있었다. 간혹 강의확인서를 뗄 수야 있겠지만 여러 곳에서 강의확인서를 일일이 뗀다는 것은 스트레스로 느껴졌다.

결국 이런 이유들로 사업자등록을 했다.

사업자등록은 신분증과 임대차 계약서만 가지고 관할 세무서에 가면 되는데, 10분이 채 걸리지 않는다. 사업자등록 신청서를 작성할 때 모르는 부분이 있어도 세무서 직원이 친절하게 가르쳐주기 때문에 걱정하지 않아도 된다. 만약 사업장 소재지가 자신의 집이라면 임대차 계약서도 필요 없다.

다만 사업자등록 신청 시에는 개인사업자(간이과세자, 일반과세자)로 할 것인지, 법인으로 할 것인지를 미리 결정해야 한다. 일반적으로 연 매출이 4,800만 원 미만 사업자라면 간이과세를 신청할 수 있다. 간이과세자는 업종에 따라 부가가치세가 일정 부분 면제되어 0.5~3%의 부가가치세율이 적용된다. 그래서 보통 1인기업을 시작할 때 간이과세로 신청하는 경우가 많다. 다만 세금계산서를 발행해야 한다면 일반과세자로 해야 한다.

나는 매출 규모가 있어 일반과세로 신청했는데, 교육 분야라 부가가치세 면세사업자로 되어 있다. 일반과세는 흔히 창업 초기 비용이 많이 들 때 활용하곤 한다. 예를 들어 제반 시설비 등으로 1억 원을 썼을 때, 세금계산서를 발급받고 한 달 안에 조기환급을 신청하면 그 10%에 해당하는 비용을 환급받을 수 있다. 간이과세는 세금계산서가 발행되지 않으니 당연히 환급되지 않는다.

창업 비용 2만 원, 1인기업으로 살아남기

· 일반과세자, 간이과세자, 면세사업자의 비교 ·

일반 사업자	과세 사업자	일반 과세자	• 연 매출 4,800만 원 이상 • 세금계산서 발행 가능 • 부가가치세 환급 가능 • 1년에 2번 부가가치세 신고(1월, 7월)
		간이 과세자	• 연 매출 4,800만 원 미만 • 세금계산서 발행 불가능 • 부가가치세 환급 불가능 • 1년에 1번 부가가치세 신고(1월)
	면세 사업자		• 부가가치세 납부 의무 없음 • 부가가치세 신고 대신 사업장 현황 신고 • 세금계산서는 발행 불가능 • 매입세금계산서는 소득세에서 비용 처리 • 소득세 납부 • 교육 용역 쪽에 다수 있음

개인과 법인의 차이는 무엇인가?

개인사업자와 법인사업자의 차이에 대해 내가 알고 있는 기본 원칙은 매출액이 커질수록 법인이 유리하다는 것이다. 개인적으로 판단했을 때 1인기업의 매출액이 2억~3억 원 정도라면 법인사업자로 등록하는 것이 더 유리하다. 그 이유는 법인세율(최대 25%)이 개인세율(최대 42%)보다 낮기 때문이다. 그 외에도 법인은 정부지원금 등의 조달이 용이하고 대표자 급여가 인정되며, 대규모 자본조달이 쉽다는 등의 장점이 있다. 그러나 그만큼 책임도 커져서 여러 가지 서류상의 제약이 많고, 수익이 남아도 대표가 마음대로 쓸 수 없다는 단점도 있다. 개별 상황에 따라 잘 살펴보고 조언도 들어가며 유리한 방향으로 결정하면 된다.

다만 1인기업은 세금에서 비용의 증빙 문제를 꼭 고민해봐야 한다. 앞에서도 잠깐 언급했지만 강사 같은 경우 비용으로 잡을 만한 것이 별로 없다는 고민이 세금 문제와 직결될 수밖에 없다. 공제되는 비용은 무엇인지, 자료증빙은 어떻게 해두는 게 좋은지 등 최대한 많이 알고 대비해야 한다. 세무사를 활용하더라도 이런 문제는 스스로 챙기고 시스템을 맞춰놓지 않으면 결국 자신의 돈으로 막아야 하는 상황이 발생할 수 있다. 모든 경우가 마찬가지겠지만 사전에 미리 상담하고 준비하는 것은 매우 중요하다.

마지막으로 강의로 얻은 소득에 대한 세금을 잠깐 이야기해보자. 이때 세금은 크게 사업소득과 기타소득으로 구분된다. 만약 전문적으로 일하는 프로라면 일을 준 기관에서 사업소득세 3.3%를 원천징수 후 강의료를 지급할 것이다. 그에 비해 불규칙적이거나 일시적으로 하는 강의라면 기타소득으로 간주해 8.8%(2019년 1월 이후 기준)를 원천징수한다. 단, 5만 원 이하의 기타소득은 세금이 없다.

개인의 상황에 따라 약간 유동적이긴 하지만, 종합소득신고

· 개인사업자와 법인사업자의 차이 ·

내용	개인사업자	법인사업자
설립 절차와 비용	사업자등록, 별도 비용 없음	주주출자, 대표선정, 설립 등기 등 비용 발생
설립 자본금	법정 자본금 불필요	100만~5천만 원 사이의 일정 자본 필요
대표자 변경 시	기존 사업자 폐업 후 사업자 등록	대표자만 변경
소득의 귀속	개인(대표)의 소득	법인의 소득
자금 인출	개인 재산이므로 자유롭게 인출	자유인출 안 됨, 대표는 급여, 주주는 배당으로 받음
세금 문제	개인소득에 대한 소득세 부과(6~42%, 2018년 기준)	법인소득에 대한 법인세 부과(10~25%, 2018년 기준)
세무 처리	간편	복잡

시 사업소득은 지급받은 전체 금액을 대상으로 종합소득세를 계산한다. 기타소득은 60%의 필요경비율(2019년부터 70%에서 60%로 줄었다.)을 제외한 나머지 40% 기준으로 종합소득세를 계산한다. 그래서 통상 기타소득으로 했을 때 세금이 더 줄어들 수 있으나, 소득이 크고 사업소득임이 명백하다면 경우에 따라 추징될 수 있으니 유의해야 한다.

여행 전문 포토그래퍼
정해경 작가

사진 찍고 글도 쓰는 여행가 ────────────────────

『난생 처음 오사카』 『난생 처음 교토』 『난생 처음 타이완』 등의 책을 집필했다. 여행을 중심으로 각종 강의를 하며 글을 쓰고 있는 작가이자 포토그래퍼.

Q 어떤 일을 하시는지 간단히 설명 부탁드립니다.

A 국내외 여행지 정보를 감성을 담아 전달하는 일을 합니다. 여러 도시의 가이드북(오사카, 교토, 타이완)을 펴냈고 국내외 여행지에 관한 정보를 사보, 인터넷 매체 등에 기고하고 있습니다. 여행 강의도 진행하는데, 주로 타이완 관광청에서 주최하는 타이완 여행 강의나 청소년 직업·진로 교육입니다. 그리고 은퇴를 앞두고 있거나 새로운 돌파구를 찾는 사람들을 대상으로, 여행을 통해 저의 인생이 변한 경험을 나누고 있습니다. 가끔은 여행작가로 TV 방송이나 라디오에 출연하기도 합니다.

Q 왜 1인기업 창업을 결심하게 되었나요?

A 퇴사할 때 나이도 경력도 애매했기 때문에 전 직장의 경력으로 재취업은 아예 할 수가 없는 상황이었고, 새로운 분야로의 전환도 쉽지 않았습니다. 당시에는 1인기업이라는 개념도 없었기에 무엇을 하고 살아야 하나 막막했습니다. 국가에서 지원하는 재취업 프로그램에 참여하기 위해 노동부 등을 방문해볼까 싶었지만, 직장생활을 하는 건 더는 힘들다고 판단했습니다. 벼랑 끝에 선 심정이었지만 꼭 직장을 다니지 않더라도 무언가는 하고 있을 것 같다는 막연한 믿음이 있었습니다. 그렇게 어쩌다 보니, 어느 순간 1인기업의 삶을 이어가고 있습니다.

Q 창업 준비에 어느 정도의 시간과 노력이 들었나요?

A 창업 준비라고 할 수는 없지만 그냥 좋아하는 것을 해보기로 마음먹고, 사진을 찍고 여행 경험을 블로그에 기록하는 일을 시작했습니다. 블로그가 국내에서 막 태동하는 시점이었기에 상당히 운이 좋았습니다. 기록을 1년 정도 남기기 시작했을 때 소위 말하는 파워블로거가 되었고, 약 3년 동안은 블로그 활동을 정말 열심히 했습니다. 하루에 하나의 글을 쓰기 위해 관련 자료들을 찾아보고 공부하는 것은 물론이고, 글 하나를 쓰는 데 최소 5시간 이상의 노력을 기울였습니다. 또한 사진 실력이 부족하다는 것을 깨닫고 사진 공부에 5년 정도의 시간을 투자했습니다. 그러다 보니 자연스레 사진 외에도 미술, 건축 등 다양한 예술 분야를 접하게 되며 예술 전반에 관한 공부도 병행했습니다. 1인기업 창업 이후

에도 글쓰기를 비롯해 인문학 등 다양한 분야를 지금도 꾸준히 공부하
고 있습니다.

Q 일을 시작할 때 배우자의 수입이나 일을 줄 만한 업체 등 기댈 곳
이 있었나요?
A 처음 몇 년간은 거의 수입이 없는 상태였지만 직장을 다닐 때 모아둔 돈
과 퇴직금 등이 조금 있었습니다. 그래서 금전적으로 여유가 있는 편은
아니었지만, 다행히 당장 일해야 할 정도로 힘든 상황도 아니었습니다.
금전적으로 아주 힘든 상황이었다면 몇 년간 수입도 없는 상태에서 여
행만 다닐 수도 없었을 테고 허드렛일이든 뭐든 당장 돈을 벌 수 있는
일을 찾지 않았을까요?

Q 창업 후 얼마 만에 안정적인 수입이 생기기 시작했나요?
A 대략 3년이 지났을 때 간헐적으로 수입이 생기기 시작했고 고정적인 일
도 조금씩 들어오기 시작했습니다. 안정적인 수입은 창업 후 5년이 되
던 시점인 첫 책 출판 이후입니다. 책의 콘셉트가 좋았기에 판매량도 꾸
준해 경제적으로 많은 도움이 되었습니다.

Q 1인기업이 궤도에 올라설 수 있었던 결정적 원인이 있을까요?
A 책 출판입니다. 그전에는 그냥 '블로거'로 불리던 호칭도 첫 책을 출판하
고 나니 '작가'로 바뀌었고, 블로거 때와는 다르게 좀 더 좋은 곳에 콘텐

츠를 제공할 수 있게 되었습니다. 물론 원고료도 높아졌고요. 책 출판이 꼬리에 꼬리를 물며 다음 일로 계속 이어지는 계기가 되었습니다.

Q 1인기업을 운영하며 얻은 것과 잃은 것은 무엇인가요?

A 1인기업으로서 가장 좋은 점은 진정한 자아탐구가 가능하다는 점입니다. 금전적으로나 다른 부분에서 다소 힘든 상황이 된다고 해도 이 점 때문에라도 모든 것을 견딜 수 있지 않나 생각합니다. 가령 직장생활의 경우 연차가 쌓이고 직급이 높아지면 성취감도 덜하게 됩니다. 무엇보다 직무와 관련 없는 다른 분야를 공부할 기회도, 자신을 개발할 일도 거의 없어지기 마련인데요. 작가라는 직업의 특성상 관심 분야 외에도 직장생활 혹은 일반 사회생활에서 한 번도 경험하지 못한 분야를 접할 수 있습니다. 끊임없이 공부하며 잠재된 자아를 발견해내는 기쁨은 그 어떤 것과도 비교할 수 없습니다. 내 돈을 들여가며 배워야 하는 일이지만 돈을 벌면서 할 수 있으니 금상첨화지요. 1인기업을 하면서 크게 잃은 것은 없습니다. 다만 작가의 특성상 일반 사람의 생활방식과는 많은 차이가 있고 작업이 한번 시작되면 일상생활이 거의 불가능한 상황이라 건강은 언제나 조심해야 하는 부분입니다.

Q 가장 힘들었던 에피소드가 있나요?

A 금전적인 부분과 능력에 대한 한계를 느낄 때입니다. 수입이 대체로 안정적이기는 하지만 간혹 수입이 기대에 미치지 않는 경우도 생기는데

요. 드물게는 이런 상황이 반복되기도 합니다. 그럴 때는 이 일을 계속하는 게 맞나 회의가 들기도 합니다. 또한 창조적인 일의 특성상 스스로 한계에 부딪히는 경우가 있습니다. 특히 제 전공과 전혀 무관한 작가라는 직업은 제가 한 번도 생각해보지 못했던 분야의 일이었고 공부를 한 적도 없었기에, 거의 독학하다시피 공부한 것들이 맞는가 의심이 들 때도 있습니다. 그러다 보니 제 실력이 너무 모자란 게 아닐까 싶은 순간을 맞닥뜨리게 됩니다. 물론 멋모르고 나대던 초반에는 실력에 대한 고민도 없이 일하던 때도 있었는데, 시간이 지나고 보니 제가 가진 한계와 바닥을 스스로 인식하게 되며 정말 이 일을 잘할 수 있을까 고민이 되더라고요. 물론 지금도 그런 고민을 하지만 그럴 때일수록 자신을 다잡고 열심히 노력하는 수밖에 없다 싶어, 지금도 기초와 기본을 다지는 나름의 훈련을 꾸준히 하고 있습니다.

Q 일상에서 스트레스나 피로를 극복하는 재충전 노하우가 있나요?

A 일에서 오는 스트레스나 일상에서 지친 마음은 주로 자연에서 위안을 받는 편입니다. 시간이 될 때마다 등산이나 트래킹을 즐깁니다. 자연과 가까이하면서 몸을 움직이고 땀을 흘리다 보면 마음에 찌든 때가 절로 날아가기도 하고요. 언제나 꿋꿋이 자리를 지키며 변화무쌍한 사계절을 보여주는 자연에 늘 감동하고 절로 겸손해집니다. 그러다 보면 이 또한 별것 아니다 싶은 생각이 들어 많은 위안을 받게 됩니다. 또한 집에서 식물을 키우는데 심신의 안정에도 효과가 있는 것 같더라고요.

창업 비용 2만 원, 1인기업으로 살아남기

Q 일이 없는 날엔 주로 어떤 활동을 하나요?

A 주로 도서관에서 많은 시간을 보냅니다. 작업할 때 부족했던 부분을 보충하기 위해 읽어야 할 책 목록을 메모해놓고 좋은 문장들을 계속 모아두는 편인데요. 일이 없는 날 도서관에서 목록에 써놓은 책을 읽기도 하고 좋은 문장을 필사하기도 합니다. 그러다 햇볕을 쬐고 싶으면 간식과 물을 챙겨 집 근처 공원에서 산책도 하고 사람 구경도 하고 자전거도 타고 친구를 만나 수다를 떨기도 하지요.

Q 자신만의 1인기업 운영원칙이 있나요?

A 콘텐츠의 차별화입니다. '여행'이라는 공통분모 속에 비슷비슷하고 고만고만한 콘텐츠를 가지고 있는 사람들이 많이 있는데요. 그래서 이 부분에 대한 고민이 크게 자리 잡고 있습니다. 결국은 콘텐츠의 차별화가 해답이 아닐까요? 제가 가장 잘할 수 있고, 저만이 특화된 콘텐츠를 위해 계속해서 노력하고 있습니다.

Q 지금 일과 관련해 어떤 미래를 꿈꾸고 있나요?

A 지금은 여행이라는 콘텐츠를 만들고 있지만, 제 콘텐츠가 여행뿐만 아니라 다른 분야로 확장되기를 원합니다. 지금은 콘텐츠를 드러내는 수단이 글이고 사진이지만 오직 그 수단에만 국한되기를 원하지는 않습니다. 영상, 그림 또는 정의할 수 없는 어떤 형태 등 다양한 방식으로 표현될 수 있지 않을까요? 또한 최종의 목표는 제가 보고 느끼고 만나고 경

험하는 모든 것을 다른 사람들과 다양한 방식으로 나누며 함께 성장하는 것입니다. 제가 그런 도구가 되기 위해, 그런 쓰임새를 가지기 위해 부단히 노력해야겠지요.

Q 1인기업으로 살아남기에 가장 힘든 난관은 무엇이고, 그 어려움을 어떻게 극복할 수 있을까요?

A 어떤 일이 되었든 언젠가 포기하고 싶은 위기의 순간이 찾아올 것입니다. 저도 초반에 인지도가 없었고 번듯한 결과물이 없는 상태이다 보니 다소 고전했습니다. 초반에 자리를 잡기 전에는 경제적인 문제가 가장 크겠지만, 1인기업을 계속 유지하기 위해서는 지속성도 고려해야 합니다. 힘들다고 느껴지면 전업이 아니라고 하더라도 계속 유지하고 있어야 합니다. 단순히 유지만 해서는 될 것이 아니라, 자신에게 부족한 것을 끊임없이 찾아내고 실력 향상을 위해 부단히 노력해야지요. 그러다 보면 거짓말처럼 기회가 찾아올 것입니다. 또한 이 시기에는 지지집단의 응원도 매우 중요한데요. 전폭적으로 지지해줄 친구나 지인들의 응원은 끝이 없는 출구를 찾는 데 큰 도움이 됩니다. 무엇보다 가장 중요한 것은 자신의 분야에서 앞서간 멘토의 조력입니다. 1인기업의 특성상 혼자서 모든 것을 감당해야 하니 제대로 하는 것인지, 앞으로 가능성이 있을지 계속 의문을 가질 수밖에 없는데요. 이때 멘토에게 실질적인 조언과 정신적인 부분까지 도움을 받아 큰 용기를 얻을 수 있습니다.

Q 같은 분야의 신규 진입 희망자에게 해주고 싶은 말이 있나요?

A 전공이 꼭 국문학과, 문예창작과, 사진과 등일 필요는 없지만 글쓰기와 사진에 대한 기본이 있다면 가능성은 충분합니다. 하지만 그건 시작일 뿐, 기회가 될 때마다 글쓰기나 사진을 비롯해 예술 분야를 꾸준히 공부해야 합니다. 또한 인문학적 지식이 있다면 훨씬 더 깊이 있는 글을 쓸 수 있습니다. 무엇보다 가장 중요한 것은 "무엇을 보고 느끼며 어떤 것을 중점으로 표현할 것인가?"라는 물음입니다. 전적으로 개인의 사고에 달린 문제로, 결국 사물에 대한 통찰력이야말로 자신의 콘텐츠를 결정하는 기준이 될 것입니다. 그러니 끊임없는 호기심과 다양한 분야에 대해 폭넓은 관점으로 세상을 바라보는 시선이 이 분야에 가장 필요한 소양이라고 생각합니다.

1인기업으로 살아남고 싶은
사람들을 위한 마지막 팁

시작을 주저하는 이들을 위해

1인기업에 매력을 느끼는 사람들은 많다. 그러나 시작할 때 아무것도 보장되지 않는 위험 때문에 '지금 손에 쥔 것마저 놓치면 어떻게 하나?'라는 두려움으로 주저하는 사람들이 다수다. 솔직히 논리적으로만 따지면 누구든 시작해서 안 되는 이유가 훨씬 많을 것이다.

나 역시 그랬다. 책을 한 권 써도 모자랄 만큼 부정적인 증거는 수도 없이 많았다. 그런데 결국 '하고 싶다'는 열의만으로 일견 무모해 보이는 도전을 시작했다. 나이가 들면서 결국 모든 도전은 '그럼에도 불구하고 그 길을 가겠다'는 약간의 무모함이 있을 때 시작된다는 것을 깨달았다. 하지 않을 사람은 안 되는 이유부터 찾고, 할 사람은 되는 이유부터 찾는다. 분명하게 이야기하자면 '그토록 무모할 만큼 마음을 끄는 일'이 있다면 과감하게 시작해도 된다.

우리 모두는 어떤 직업을 선택하든 어차피 그만큼의 위험에 노출되어 있다. 대기업에 다니는 직장인이라고 문제가 없을까? 그렇게 생각한다면 오해다. 모든 직장인은 고용에 관해 언제나 비상 대기 상태에 있다. 대기업은 이 시대에 여전히 선호하는 선택지인 것은 분명하나 안정이라는 말과 동의어는 아니다. 해마다 대기업에서 퇴직하는 사람들과 다음 행보를 고민하며 알게 된 사실이다.

다만 1인기업으로 가는 길에서 자신이 내린 선택에 후회하지 않을 자신이 있어야 한다. 자신의 선택에 후회를 남기기 시작하면 자꾸 돌아보는 마음이 생겨 앞으로 나아가는 일에 전념하기 어렵기 때문이다. 결국 인생은 자신의 선택으로 만들어진다. 누구나 절실한 만큼만 갈 수 있다. 달리 말해, 지금 도전에 주저하고 있다면 아직은 그리 절박한 바람이 아닐 수도 있다는 말이다.

돈을 넘어서

1인기업은 돈이 목표가 되어서는 안 된다. 일하다 보면 이 경계선을 넘을 때가 생기지만, 1인기업은 일과 삶의 조화를 추구하는 적극적인 삶의 모델이다. 그러니 그 모델을 통해 자신에게 어울리는 적절한 삶을 만들어가는 것을 목표로 삼아야 한다. 돈이 지상과제가 되었을 때 대개 1인기업은 탐욕에 찌든 하드워커로 전락하고 만다.

『프리워커로 사는 법』이라는 책에서 CEO리더십연구소 김성회 소장은 "만일 당신이 '벌이'라는 수치에 연연한다면 프리워커 역시 '피로사회'의 연장일 뿐이다."라고 주장한다. 이 말에 전적으로 동의한다. 그런데 누구도 처음부터 그렇게 밥벌이의 노예로 시작하지 않았다는 점을 기억해야 한다. 어떤 이는 돈을 너무 많이 벌게 되어서 망가지고, 어떤 이는 수입이 너무 없어서 돈에 집착하게 된다. 그런 혼란스러운 과정에서도 원래의 뜻을 잃지 않고 삶을 조절할 수 있어야 한다. 그렇다면 이미 훌륭한 1인기업가의 자질을 가지고 있는 셈이다. 일을 재미없게 만드는 출발점은 그 일의 이면에 숨은 돈만 보는 것이다. 일이 재미없는데 성공한 1인기업을 나는 아직 보지 못했다.

'트렌드'가 아니라 '나'에게서 시작하기

1인기업을 시작하려는 사람에게 좋아하고 잘하는 일에서 그 힌트를 찾으라고 말하는 사람이 많다. 잘하면 재미있고 좋아하면 오래갈 수 있기 때문이다.

1인기업을 시작하려는 사람들이 가끔 1인기업의 트렌드를 먼저 묻기도 하는데 이는 잘못된 출발이다. 모든 직업의 선택 기준에서 우선순위는 "자신에게 맞는가?"라는 질문이다. 이것은 단순한 두 가지 질문으로 풀어 말할 수 있다. "잘할 수 있는가?" "정말로 좋아하는가?" 어떤 분야든 나를 기다리는 직업은 없다. 처음 선택할 때는 '더 이상 잘 맞을 수 없다'고 생각해서 선택한 일이라도, 하다 보면 수많은 어려움에 직면하게 된다. 그리고 앞으로 나아가는 매 순간, 두 가지 질문에 대한 적합 여부가 브레이크처럼 모든 일에 제동을 걸어댈 것이다. 잘 맞지 않는다면 일하는 종종 트러블이 생기고, 앞으로 달려가는 것이 아니라 멈추지 않기 위해 애써야 할 것이다. 당연히 경쟁에서 살아남을 가능성은 현저히 떨어진다.

두 질문에 대한 답이 줄기찬 방해물이 될지, 목표로 밀어 올려주는 엔진이 될지는 자신만이 알 수 있다. 그러니 지금 당신이

하는 고민은 그리 헛된 것이 아니다. 쓸데없는 고민이라고 걱정하지 말자. 그냥 흐르는 시간이 어디 있던가.

창업 비용 2만 원, 1인기업으로 살아남기

창업 비용 2만 원, 1인기업으로 살아남기

초판 1쇄 발행 2020년 9월 1일

지은이 | 정도영
펴낸곳 | 원앤원북스
펴낸이 | 오운영
경영총괄 | 박종명
편집 | 강혜지 최윤정 김효주 이광민 이한나
디자인 | 윤지예
마케팅 | 송만석 문준영
등록번호 | 제2018-000146호(2018년 1월 23일)
주소 | 04091 서울시 마포구 토정로 222 한국출판콘텐츠센터 319호(신수동)
전화 | (02)719-7735   팩스 | (02)719-7736
이메일 | onobooks2018@naver.com   블로그 | blog.naver.com/onobooks2018
값 | 16,000원
ISBN 979-11-7043-120-6 03320

이 도서의 국립중앙도서관 출판예정도서목록(CIP)은 서지정보유통지원시스템 홈페이지(http://
seoji.nl.go.kr)와 국가자료종합목록 구축시스템(http://kolis-net.nl.go.kr)에서 이용하실 수 있습
니다. (CIP제어번호 : CIP2020031922)